킥스타터 캠페인

킥스타터
캠페인

박한진 지음

클라우드북스

 추천사

 　　　　　　　　　　　　　한완선, 명지대학교 경영학부　교수

전 세계적으로 점점 불확실성이 증가하고 있다. 국내적으로도 불황의 그림자가 드리우고 있다. 이러한 시기에 돌파구는 기업가정신과 창의성을 촉진하여 국가와 기업의 경쟁력을 제고시키는 것밖에 없다. 창업도 이러한 맥락에서 그 중요성을 더하고 있다.

　세계 창업의 메카인 실리콘밸리에서는 지금도 혁신과 창의성 및 기술로 젊은이들이 땀 흘리고 있다. 그들이 오늘의 미국을 만들고 있고 세계의 희망인 것이다. 우리나라도 이러한 글로벌 트렌드에 동참하려고 노력하고 있다.

　우리나라는 문화, 교육, 제도 면에서 스타트업이 쉽지 않다. 그럼에도 적지 않은 도전과 그에 따른 결실을 보고 있는 것도 사실이다. 이에 그동안 크라우드펀딩 프로그램을 통해 많은 국내 스타트업에게 도움을 주었던 저자가 그동안의 경험과 노하우를 모아 책을 발간하게 되었다. 스타트업에게 필요한 정보뿐 아니라 실무적인 내용으로 가득 차 있어 실질적인 도움이 될 것이다. 만일 당신이 킥스타터나 크라우드펀딩을 준비하고 있다면 이 책이 좋은 매뉴얼이 될 것으로 확신한다.

　아무쪼록 이 책이 스타트업을 꿈꾸는 젊은이들에게 마중물이 되고 귀중한 나침반으로 자리매김하기를 기대해 본다.

김진영, 로아컨설팅 CEO, 경영학박사

 창업자는 언제나 정보와 네트워크에 목이 마르다.
 특히 특정 제품, 콘텐츠를 목숨 걸고 팀원들이 달려들어 프로토타입을 만든 경우에는 특히나 그렇다. 그래도 서비스는 페이스북, 인스타그램 같은 소셜 미디어를 잘만 활용하면 이른바 바이럴Viral(구전효과) 네트워크를 만들어 가입자를 끌어모으기가 그나마 쉽다. 그러나 하드웨어 기기나 영화, 게임 같은 콘텐츠는 시제품 제작과 초도양산, 사전제작을 위한 기본적인 자본조달이 되지 않으면 상용화란 언감생심에 가깝다.
 킥스타터가 이 분야 창업자들이 가장 애용하는 크라우드펀딩 플랫폼으로 자리매김한 것은 우연이 아니다. 그러나 문제는 킥스타터도 거대 플랫폼이 되면서, 플랫폼 내에서 크라우드펀딩에 참여하는 스타트업 간의 경쟁이 갈수록 치열해지고 있다는 점이다. 킥스타터에 대한 철저한 학부와 전략수립이 없다면 아무리 제품 컨셉이 훌륭해도 후원자Backer들의 지원을 얻어내지 못해 백전백패하게 될 것이다.
 이 책이 가지는 의미가 바로 여기에 있다. 백전백패가 될지 모르는 킥스타터 리스크Kickstarter Risk'를 백전백승에 가까운 '킥스타터 석세스Kickstarter Success'로 만들어내는 접근방법과 기법들이 고스란히 담겨 있다. 특히 이 책의 백미는 한국 스타트업 5개를 연속으로 킥스타터 펀드레이징에 성공시킨 실전기라는 데에 있다. 당신이 킥스타터의 주인공이 되고 싶다면, 이 5개 스타트업의 성공 실전기만 보는 것만으로도 이 책을 구매한 충분한 이유가 될 것이다.

👍 **조현경, 디지털 마케팅 에이전시 '로그인디' 대표**

태양 아래 새로운 것은 없다고 하지만, 요즘 킥스타터나 인디고고와 같은 크라우드펀딩 사이트에 들어가면 감탄이 절로 나오는 신제품과 아이디어가 무궁무진하다. 그러나 참신하고 기발한 제품이라고 펀딩 목표 금액에 도달하는 것은 아니다. 킥스타터 같은 크라우드펀딩 캠페인을 진행하려면 꽤 많은 시간과 노력을 기울여 준비해야 한다. 이를 위해서는 시장조사는 물론, 효과적인 크라우드펀딩용 콘텐츠를 제작해야 하는 것은 기본이다. 대부분 이것이 전부인 줄 안다. 나 또한 그랬다. 그러나 저자가 한국 스타트업들의 킥스타터 캠페인을 모두 놀라운 성과를 기록하며 성공시키는 과정을 지켜보면서 눈에 보이는 작업은 20%에도 지나지 않는다는 것을 알게 되었다.

  킥스타터나 인디고고와 같은 해외 크라우드펀딩을 준비하고 계획하고 있는 기업이라면 이 책을 꼭 정독하기를 권한다. 이 책의 가이드를 따라 크라우드펀딩을 준비한다면 분명 성공할 가능성이 있다.

 강석훈, 본엔젤스 대표

지난여름 LA 뉴포트비치의 작은 사무실을 방문했을 때, 한국 창업자들의 킥스타터 성공을 위해 땀 흘리던 저자의 모습이 인상적이었다. 이 책은 생생한 현장의 이야기이다. 이 책을 통해, 실제 경험을 통한 노하우를 빠르게 습득하여 더 많은 스타트업이 글로벌 도전에 성공하길 기대한다.

조형진, 솔티드벤처 (IOFIT, Inc) 대표

저자와 함께 지난 3개월간 킥스타터 프로그램을 진행하면서 미국 유통시장과 고객에 대해 이해할 수 있었던 귀한 경험을 하였다. 지금 돌아보니 한국의 스타트업이 킥스타터에 대한 이해와 준비 없이 캠페인을 진행한다는 것은 눈을 감고 고속도로를 걸어가는 것만큼이나 위험한 일이라고 생각한다.

  비즈니스에 정답이 없듯 킥스타터에서도 역시 정답은 없지만, 이 책은 분명 킥스타터를 성공적으로 진행하기 위해서 어디서부터 무엇을 준비해야 하는지에 대해 고민하는 많은 독자에게 큰 도움이 될 것으로 생각하고 적극적으로 추천하는 바이다.

박수홍, Bagle Labs 대표

크라우드펀딩 캠페인을 준비하면서 '펀딩 모금에 실패하면 어쩌나'라는 걱정과 함께 이 위험성을 어떻게 줄일 수 있을까를 고민하던 중에 저자의 캠프에 참가하게 되었고 미국 현지에서 캠페인을 진행하면서 법인설립, 세무회계, 마케팅, 배송에 이르기까지 다양한 방면에 도움을 받았다.

  킥스타터를 비롯한 크라우드펀딩에 관심 있는 분들은 이론만이 아닌 저자의 경험이 담긴 이 책을 읽어보시길 강력히 추천드린다.

👍   **엄정한, BLT 특허법률사무소 대표 변리사**

'당신이 그것을 소비자들에게 보여주기 전까지, 소비자들은 스스로 무엇을 원하는지 모른다'고 이야기한 스티브 잡스의 명언처럼 수많은 혁신적 스타트업이 킥스타터를 통해 소비자들을 놀라움에 빠뜨리고 있다.

  가장 많은 킥스타터 노하우를 가진 박한진 대표의 조언과 함께, 세계 소비자들을 놀라움에 빠뜨릴 한국 기업들이 더 많이 나오길 기대한다.

👍   **동우상, 위너스랩 대표**

킥스타터를 비롯한 크라우드펀딩도 사실 크게 보면 마케팅의 일부 또는 프로모션 방법의 하나라고 생각할 수 있다. 이 과정을 지나면 결국 본격적인 판로개척에 나서야 하고 여기서 유의미한 실적을 남겨야 한다.

  저자가 2000년 초반부터 다수 한국 IT 기업의 미국 진출을 컨설팅해 오면서 강조하는 것은 바로 유통역량이다. 즉, 잘 만드는 것도 중요하지만 파는 능력이 더 중요하다는 것이다.

  크라우드펀딩, 특히 킥스타터는 그런 면에서 자본력이 부족한 스타트업은 물론 중소, 중견기업들에도 매우 유용한 글로벌 유통의 전초전이라고 할 수 있다. 이 책은 그 전초전에서 이기는 방법을 알려준다. 크라우드펀딩에 도전하는 분들께 단연코 첫 번째 책으로 추천한다.

김진태, 누누로VR 대표

　창업하기로 생각했을 때부터 킥스타터를 목표로 했다. 자금, 브랜드, 제품, 마케팅 등 모든 것을 무에서 유로 만들어내야 하는 상황에서 국내도 아닌 세계시장으로의 도전은 무모하게도 느껴졌다. 하지만, 7·치입증과 시장진입, 네임 밸류업을 위해서는 킥스타터에 도전해야 한다고 생각했다. 킥스타터는 꿈과 희망, 그리고 기회를 주는 플랫폼이지만 누구나 성공하는 것은 아니다.

　킥스타터에서 창업자는 두 개의 방향 중 하나를 목표를 도전하는 것이 바람직하다고 생각한다. 펀딩이냐 밸류업이냐.

　누누로VR은 창업진흥원의 글로벌 창업 액셀러레이팅 프로그램에 선정되어 알토스 비즈니스 그룹의 박한진 대표님을 만나 3개월 동안(절대 길지 않은) 우리 기술의 가치를 알리기 위한 목표로 최선을 다했다. 그리고 모두가 쉽지 않다고 했지만, 한국의 작은 스타트업의 기술을 알리는 성과를 이뤄냈다.

　우리뿐만 아니라 짧은 기간 내에 5개 창업팀 모두 킥스타터에서 성공한 것은 대단한 성과이다. 한 권의 책에 모두 담을 수 없을 만큼 현지에서의 과정과 노하우는 매우 소중한 경험이자 자산이다. 킥스타터를 도전하려는 스타트업에게 가장 현실적인 참고서적이 될 것이며, 박한진 대표님의 스타트업을 위한 킥스타터 이야기, 더 많은 정보가 시리즈로 나오기를 희망한다.

　스타트업 글로벌 도전은 킥스타터!

 여는 글

킥스타터^{Kickstarter}의 사전적인 의미는 "힘차게 시작"한다는 것이다. 발로 페달을 힘껏 찬다는 것에서 그 유래를 찾을 수 있다. 킥스타터는 현재 가장 주목받는 세계적인 크라우드펀딩 플랫폼으로 자리를 잡았고 수많은 젊은이가 꿈을 실현하기 위해서 킥스타터에 도전한다. 2016년의 경우 약 8만 개에 가까운 캠페인이 킥스타터를 통해서 전개되었고, 킥스타터를 통해 후원하는 후원자 수만도 1,200만 명에 이르고 있다.

군중^{crowd}으로부터 자금을 조달한다^{funding}는 의미의 크라우드펀딩은 애초 개인적으로 실현할 수 없는 일을 불특정 다수의 힘을 통해서 실현한다는 것으로 사실상 오래전부터 커뮤니티 단위로 존재해 왔다. 그러다가 2010년을 기점으로 그 종류와 방식이 다양화되었다. 미국에서는 2012년 오바마 대통령이 서명한 잡스법^{JOBS ACT : Jumpstart Our Business Startups Acts}이 2016년 5월부터 시행되면서 급물살을 타고 있다. 특히, 그동안 규제가 까다로웠던 투자형 크라우드펀딩이 빠르게 퍼지고 있다. 크라우드펀딩은 이미 가장 유망한 자금조달의 방법으로 부상하였다. 2015년 한 해 동안 미국의 크라우드펀딩 규모는 344억 달러로 같은 해 벤처캐피털 규모인 359억 달러에 근접했고, 2016년에는 600억 달러로 벤처캐피털 470억 달러의 규모를 훨씬 넘어섰다. 스타트업 입장에서 관심을 가질 수밖에 없다.

킥스타터는 2009년 설립된 이후 눈부시게 발전했다. 보잘것없던 펀딩사이트가 단기간에 가장 강력한 크라우드펀딩 플랫폼으로 성장한 데에는 킥스타터만의 독특한 철학이 한몫했다. 약자들의 꿈을 실현한다는 철저한 공익성 때문이다. 나도 누군가의 꿈을 이루는 데 동참한다는 넓은 공감대를 형성하면서 일면식도 없는 어떤 이의 제품, 서비스, 공연 등을 후원하고 열광한다. 킥스타터는 단순히 제품이나 서비스를 판매하는 곳이 아니다. 세상에 없는 독특한 것을 이루어나는 데 힘을 모아주고 작은 불씨를 크게 번지게 하여 세상을 바꾼다는 것이다. 따라서 킥스타터는 캠페인의 철저한 관리를 통해서 최대한 공정성을 지향하려고 한다.

물론 킥스타터에 참가하는 수많은 개인과 기업가들의 생각은 좀 다르다. 그들은 한사람이라도 더 많은 후원을 받아 자금을 마련하고자 조금이라도 더 알리려 한다. 때로는 킥스타터를 신제품의 시장성 평가와 시험적인 마케팅 도구로 사용하기도 한다. 그렇지만 킥스타터를 통해서 단순히 사람들에게 제품을 알리고 여기서 선구매 형식을 통해 매출을 올리겠다고 마음먹고 시작했다면 그건 심각한 착각이라는 것을 곧 깨닫게 될 것이다.

킥스타터는 단순한 신제품의 마케팅 플랫폼 즉 온라인마켓이 아니다. 킥스타터의 창업자 페리 첸Perry Chen은 킥스타터의 정신을 지키기 위해 회사를 공익회사Public-benefit Corporation로 만든다고 선언해버렸다. 킥스타터에 참가하는 기업들이 과도하게 경쟁하고 지나치게 이윤을 추구하는 데 경종을 울린 것이다.

킥스타터를 통해 소개된 캠페인이 이미 30만 개를 넘어서고 있으며 전 세계 천이백만 명 이상의 후원자들이 매일 킥스타터에 올라오는 제품과 서비스를 바라보고 있다. 이른바 세계 최고의 크라우드펀딩 플랫폼으로 손색이 없다. 모든 것이 부족한 스타트업 입장에서는 자신의 제품을 시장에 소개하는 데 있어서 이보다 더 훌륭한 마케팅 방법은 없어 보인다. 그래서 전 세계의 창업자들이 킥스타터에 열광하는 것이다. 이미 많은 한국의 젊은 회사가 킥스타터에 제품을 론칭하

고 있다. 때로는 큰 성공을 거두기도하고 때로는 이름 없이 사라진다.

2016년 초 필자는 한국의 5개 업체와 킥스타터 여행을 시작하였다. 업체별로 크고 작은 성공을 거두었다. 제품이 다르다 보니 자신의 캠페인에 대한 마케팅도 저마다 다른 접근을 시도했다. 기획단계부터 킥스타터 캠페인 론칭, 그리고 마칠 때까지 짧게는 5개월 길게는 9개월의 시간이 소요되었다. 기간 내내 긴장을 늦출 수 없는, 피를 말리는 시간이었다. 하지만 캠페인을 마치고 나서 모든 팀이 가장 행복하고 보람된 시간이었다고 입을 모은다.

킥스타터 캠페인을 하면서 느낄 수 있는 가장 큰 보람은 작은 규모이지만 제품의 사이클을 완전히 경험해 본다는 것이다. 킥스타터의 후원자 그룹이라는 독특한 커뮤니티 안에서 이루어지는 것이긴 하지만 이 경험은 하드웨어를 만들고 유통하려고 계획하는 업체들에는 큰 밑거름이 될 것이 분명하다. 시장에 대한 전체적인 시각의 변화를 맛보게 될 것이다.

가능한 많은 국내 업체가 킥스타터를 통해 자신의 제품을 소개할 기회를 가졌으면 한다. 하지만 단순히 캠페인에 제품을 올리는 것으로만 끝나서는 안 된다. 캠페인 기획에서 실행까지 철저한 계획을 세우고 치밀하게 추진해야 성공적인 캠페인이 될 수 있다. 특히 킥스타터를 대행해주는 업체를 통해서 캠페인을 진행하는 것보다는 직접 현장에서 캠페인에 대한 마케팅을 직접 진행하고 후원자들의 반응을 생생하게 느끼는 기회가 되었으면 한다. 그리고 캠페인의 성공을 통해서 사업이 전 세계적인 규모로 확대해 나갈 수 있는 교두보를 마련할 수 있어야 한다.

킥스타터는 단어가 말해주듯이 스타트 즉 시작일 뿐이다. 캠페인에 성공하면 그야말로 힘차게 시작할 수 있는 발판이 될 수 있다. 하지만 그 이후가 더 중요한 것은 두말할 나위가 없다. 킥스타터에 성공하고도 사업에 실패하는 기업은 수없이 많다. 킥스타터의 성공이 사업으로의 성공을 보장할 수 없다. 국내의 업체 중에도 킥스타터에 성공하고 이를 통해 사업으로 제대로 확산시킨 기업이 아직은 없다.

자, 힘찬 시작을 위해 킥스타터에 도전해 보자. 그리고 성공적으로 캠페인을 만들어 보자. 이 책은 킥스타터를 생각하고 있는 창업자들, 제조업 종사자들이 킥스타터라는 크라우드펀딩 플랫폼을 좀 더 이해하고 각자 캠페인을 진행하는 데 도움을 주고자 만들었다. 다시 한번 강조하지만, 캠페인을 성공적으로 진행하는 것은 본인들의 몫이다.

더욱 많은 한국의 기업이 킥스타터 캠페인에 성공하길 바라면서….

저자 박한진

목차

추천사
여는 글

1장 크라우드펀딩이란?

    1. 크라우드펀딩이란   22
    2. 크라우드펀딩의 역사   24
    3. 크라우드펀딩의 규모   30
    4. 크라우드펀딩의 종류   32
    5. 크라우드펀딩의 전망   39

2장 킥스타터란?

    1. 킥스타터의 출발   44
    2. 킥스타터의 정신   48
    3. 누가 킥스타터를 하는가   54
    4. 킥스타터에 올릴 수 없는 것들   58
    5. 킥스타터 금지 품목   61

3장 킥스타터 캠페인 기획

    1. 캠페인 컨셉 잡기   68
    2. 시제품 제작   77
    3. 제품의 기능 : 버리기   80
    4. 전체 캠페인의 마스터 플랜 짜기   82

4장   사전 마케팅

　　　1. 사전 마케팅이 왜 중요한가   88
　　　2. 이메일 마케팅   90
　　　3. SNS 마케팅   93
　　　4. 미디어 마케팅   100
　　　5. 기타 마케팅   107

5장   동영상 제작

　　　1. 동영상은 왜 중요한가   116
　　　2. 사전 작업   118
　　　3. 동영상 제작   122
　　　4. 후반 작업   128

6장   마케팅 콘텐츠

　　　1. 캠페인과 콘텐츠 관리   132
　　　2. 기획한 콘텐츠 vs. 즉석 콘텐츠   137
　　　3. 이미 존재하는 콘텐츠   141
　　　4. 충격적인 콘텐츠   143

7장 　 킥스타터 랜딩 페이지
　　　　　1. 랜딩 페이지 구성　　　　　　　　148
　　　　　2. 캠페인 사전 결정사항　　　　　　151
　　　　　3. 랜딩 페이지 제작　　　　　　　　158

8장 　 캠페인 론칭
　　　　　1. 캠페인의 자격 조건　　　　　　　172
　　　　　2. 캠페인 론칭　　　　　　　　　　177
　　　　　3. 캠페인 초기 전략　　　　　　　　182

9장 　 캠페인 중의 마케팅
　　　　　1. 본격적인 마케팅의 시작　　　　　186
　　　　　2. 이메일 마케팅　　　　　　　　　188
　　　　　3. 캠페인 마케팅의 승부처, 소셜 미디어　190
　　　　　4. 소셜 미디어 마케팅의 주의사항　　194
　　　　　5. 페이스북, 트위터, 인스타그램, 인플루엔서, PR 회사
　　　　　　　　　　　　　　　　　　　　　198

10장	캠페인의 운영 및 관리	
	1. 대시보드와 킥트랙	208
	2. 후원자 관리	216
	3. 특별히 선정되기	218

11장	킥스타터와 미디어	
	1. 미디어에 기사화 되기	222
	2. 미디어 키트와 미디어 인터뷰	227

12장	캠페인의 마무리	
	1. 캠페인 후반 마케팅	234
	2. 캠페인을 끝까지 계속할 것인가	238
	3. 캠페인 종료 후 배송까지	242
	4. A/S 및 유통망 확보	247

13장	킥스타터 실전 사례	252

맺는 글

CROWDFUNDING KICKSTARTER

1장
크라우드펀딩이란?

KICKSTARTER
1. 크라우드펀딩이란?

'크라우드Crowd'는 군중을 뜻한다. 크라우드펀딩Crowd Funding이란 이런 군중, 즉 불특정 다수로부터 자금을 모으는 것이다. 크라우드펀딩은 처음에는 가난하고 소외된 사람들이 사업을 시작할 수 있도록 하는 소액대출로 시작되었는데 이제는 다양한 형태로 발전해서 여러 가지 방식의 크라우드펀딩 플랫폼이 속속 나오고 있다. 그리고 지역별, 국가별로도 독특한 형태로 퍼지고 있다.

현대적 의미의 크라우드펀딩은 자금이 필요한 개인, 기업, 단체가 인터넷이나 모바일 네트워크를 통해서 원하는 자금을 조달하는 것을 말한다. SNS를 통해 홍보하고 참여하는 경우가 많아서 일명 소셜 펀딩Social Funding이라고 불리기도 한다. 모금자는 모금의 목표, 취지, 기간, 보상 내용 등을 인터넷에 올리고 이를 동영상을 비롯해 각종 매체를 통해 알린다. 이를 접한 개인들은 각자의 사정에 맞게 돈을 보내는데 중개 사이트는 이 돈을 모아 모금자에게 전달한다. 크라우드펀딩의 중개 사이트 즉는 크라우드펀딩 플랫폼은 모금자가 자신의 프로젝트나 제품을 온라인상에 올릴 수 있도록 온라인상에서 편의를 제공하기도 하지만 프로젝트가 공정하게 진행되고 신빙성이 있는지 확인하고 감독한다. 이렇게 프로젝트를 심사하는 이유는 크라우드펀딩의 생명이 참가자와 프로젝트에 대한 신뢰성에 있기 때문이다. 중개 사이트는 일정 기간 진행되어 금액의 모금이 완성되면 소정의 수수료를 공제하고 모금액을 모금자에게 전달하는데, 여기서 끝나지 않는다. 모금자가 약속한 프로젝트를 문제없이 종료하는지 확인하고 그 과정을 모니터링한다. 프로젝트가 계획대로 진행되지 않고 약속을 지키지 못하면 모금자를 상대로 제재를 가하기도 한다.

크라우드펀딩은 소액투자가 가능하고 상대적으로 리스크가 적다 보니 후원 또는 투자의 동기부여가 쉽게 된다. 사실상 자금을 제공하는 사람의 입장은 투자금 회수에 관심이 있다기보다 신청자의 꿈을 실현하기 위한 정열과 의지를 사는 것이라 해도 과언이 아니다. 크라우드펀딩은 결국 모금자들이 사람들에게 얼마나 많은 공감을 끌어내는가가 성공의 열쇠라고 볼 수 있다. 크라우드펀딩으로 자금을 조달하기 위해 수많은 프로젝트가 시도된다. 공익적인 성격의 프로젝트도 있고 제품이나 서비스의 평가를 받으려는 마케팅 차원의 프로젝트도 있다. 크라우드펀딩 플랫폼에는 기존의 금융서비스나 제도권 금융기관으로부터 소외된 창의적이고 사회적인 아이템들이 많이 등장한다. 어딘가에 있는 나의 후원자를 찾아내는 것이다. 즉 집단지성을 통한 꿈의 실현이 크라우드펀딩의 최종적인 목표라고 볼 수 있다.

KICKSTARTER

2. 크라우드펀딩의 역사

크라우드펀딩의 유래

크라우드펀딩의 유래는 1700년대로 거슬러 올라간다. '걸리버 여행기'의 작가 조너선 스위프트$^{Jonathan\ Swift}$는 가난한 아일랜드의 저소득층을 돕기위해 '아이리시 론 펀드$^{Irish\ Loan\ Fund}$'라는 대출 프로그램을 만들었다. 이 소액 대출 프로그램은 가난한 사람들에게 담보 없이 5파운드, 10파운드의 돈을 무이자로 대출해 주었는데 지금의 크라우드펀딩과 유사해서 크라우드펀딩의 근간이라고 평가받고 있다. 아이리시 론 펀드는 큰 성공을 거두어 그 후 유사

조너선 스위프트(1667-1745)

한 프로그램이 많이 나왔다. 1800년대 들어서는 아일랜드의 전체 가구 수 중 20% 이상이 이러한 대출 프로그램을 이용할 정도였다.

그 후 저소득층을 위한 소액 대출 프로그램은 지속해서 운영되었다. 1976년 방글라데시의 경제학 교수 모하메드 유누스Mohammad Yunus 박사는 저소득층, 특히 여성들에게 소액대출을 해주고 경제적인 자립을 도와주자는 목적으로 작은 프로젝트를 만들었다. 42명의 여성에게 27달러를 대출해주면서 시작된 이 프로그램은 성공을 거두어 1983년 약 3만 명의 회원을 거느린 그라민 은행Grameen Bank으로 발전하게 된다.

그라민 은행은 현재 연간 대출금 규모 13억 달러에 누적대출금이 101억 달러에 이를 정도로 자리를 잡았으며, 전 세계에 834만 명의 회원을 보유하고 있다. 대부분 여성에게 대출해 주고 있다. 유누스 박사는 2006년 이러한 공로를 인정받아 노벨평화상을 수상하기도 하였다. 이러한 소액 무담보 대출이 소외되고 가진 것이 없는 자들의 꿈을 이루게 해준다는 면에서는 크라우드펀딩과 그 지향점이 같다고 볼 수 있다. 하지만 이러한 대출 프로그램은 이후 '마이크로 파이낸스Microfinance'라는 새로운 금융프로그램으로 발전하여 크라우드펀딩과는 다른 길을 걷고 있다.

마이크로 파이낸스는 기존의 대출시스템으로는 대출을 받기 곤란한 저소득층에게 큰 도움을 주고 있어 매우 공익성이 강하다. 최근 키바KIVA 등 여러 비영리 단체가 설립되어서 개발도상국의 저소득층에 대출해 주고 있는데 인터넷에 차입 희망자가 자신의 사연과 프로파일, 대출금의 용도를 올릴 수 있도록 하였다. 하지만 크라우드펀딩과는 달리 대출과 상환이라는 단순한 모델로 구성되어 있다.

- 1997년 ~ 2007년

현대적인 의미의 최초의 크라우드펀딩 프로젝트는 1997년에 있었다. 인터넷이 태동하던 시기인 1997년, 영국의 록밴드 '마릴리온Marillion'은 인터넷을 통해서 그들의 미국 공연 투어 비용 6만 달러 모금에 성공한다. 이런 방식으로 펀딩이 성공적으로 이루어지는데 힘입어 2000년 최초의 인터넷 크라우드펀딩 플랫폼 '아티스트 쉐어AtistShare'가 탄생했다. 이 크라우드펀딩 플랫폼은 주로 가수나 연주자들의 앨범 또는 공연에 드는 비용을 모금하는 음악 전문 크라우드펀딩이다.

그 이후 다양한 형태의 크라우드펀딩 플랫폼이 생겨나기 시작하였다. 자선사업의 모금 위주의 저스트기빙JustGiving(2000), P2P peer-to-peer

아직도 활동 중인 마릴리온 밴드

대출형 크라우드펀딩인 조파Zopa(2005), 프로스퍼Prosper(2006), 랜딩 클럽LendingClub(2007) 등이 설립되었다. 2000년부터 2007년 사이어는 주로 소액 대출형 크라우드펀딩이 주를 이루었다.

- 2008년 ~ 2011년

2008년 이후 크라우드펀딩은 창업자들에게 유망한 마케팅 플랫폼으로 부상하였다. 2009년에서 2011년까지 단 3년 만에 크라우드펀딩의 전체 규모는 5.3억 달러에서 15억 달러로 증가하여 매년 75% 이상의 증가율을 기록하였고 이 기간에 보상형 크라우드펀딩 플랫폼 인디고고와 킥스타터가 등장하였다.

2008년에 인디고고 Indiegogo라는 보상형 크라우드펀딩 플랫폼이 출범하였다. 다나에 링겔만Danae Ringelmann, 슬라바 루빈Slava Rubin, 에릭 쉘Eric Schell 등 세 명이 창업하였

으며 애초에는 영화 관련 프로젝트를 위주로 한 크라우드펀딩을 지향했지만 이후 제품, 공연, 서비스 등 다양한 분야의 프로젝트를 수용하게 되었다. 수많은 프로젝트가 인디고고를 통해서 론칭되었고 큰 금액의 펀딩에 성공하기도 했다. 2015년 말 통계로 총 펀딩규모가 2.5억 달러를 넘어섰다.

2009년에는 "New way to fund creativity."라는 슬로건을 내건 킥스타터Kickstarter가 출범하였다. 현재 킥스타터는 가장 유망하고 많이 찾

는 크라우드펀딩 플랫폼이 되었다. 기본적으로 좋은 아이디어에 다수의 사람이 자금조달을 해 준다는 것이 컨셉이다. 킥스타터는 지금까지 25만 개 이상의 프로젝트를 수행하였고 모금액도 총액기준으로 15억 달러를 넘어서고 있다.

- 2011년 ~ 현재

크라우드펀딩이 더욱 다양화되고 심화되는 기간이다. 특히 이 기간에는 지분투자형 크라우드펀딩에 대한 관심이 고조되었으며 전 세계적으로 500개 이상의 지분투자형 플랫폼이 선보였다. 2010년에 등장한 그로우VC^{GrowVC}가 최초의 지분형 크라우드펀딩 플랫폼이고 2011년도에는 크라우드 큐브^{CrowdCube}가 설립되었다.

2011년 미국 하원에서는 크라우드펀딩 촉진법안인 크라우드펀딩 법안 H.R 2930$^{Crowdfunding\ Bill\ H.R\ 2930}$을 통과시켜 스타트업이 지분매각을 통한 자금 조달을 쉽게 만들었으며, 2012년에는 오바마 대통령이 신생기업의 자금 조달을 쉽게 하는 일명 잡스 법$^{JOBS\ Act\ :\ Jump\ start\ our\ business}$

잡스 법(JOBS Act)에 서명하고 있는 오바마 대통령

Startups Act에 서명하면서 크라우드펀딩 산업의 발전은 더욱 가속도가 붙게 되었다.

또한, 소셜 미디어의 발전도 크라우드펀딩 확산에 큰 역할을 했다. 현재 크라우드펀딩의 가장 강력한 마케팅 수단은 페이스북, 트위터 등 SNS 플랫폼이며 단시간에 프로젝트를 알리는 매체로 자리 잡았다. 2005년 이후 소셜 미디어가 이렇게 발전하지 않았더라면 크라우드펀딩 플랫폼도 그렇게 빨리 성장할 수 없었을 것이다. 인터넷과 소셜 미디어는 크라우드펀딩 확산의 일등 공신이다.

3. 크라우드펀딩의 규모

2016년을 기점으로 크라우드펀딩 규모가 엄청나게 증가하고 있다. 2010년만 해도 크라우드펀딩 규모는 8.8억 달러에 지나지 않다가 2012년 27억 달러, 2013년 61억 달러, 2014년에 162억 달러, 2015년에는 344억 달러를 기록했다. 2016년에는 대략 600억 달러를 넘어설 것으로 보인다. 반면 벤처캐피털 투자는 2016년 기준 약 471억 달러에 머물러있어 규모 면에서 크라우드펀딩이 벤처캐피털의 투자 규모를 훨씬 넘어섰다. 크라우드펀딩은 해마다 두 배씩 증가하고 있으며 그 종류도 보상형, 대출형, 지분형 등 다양해지고 있다. 그리고 국가와 지역의 경계도 사라져 가고 있다. 즉, 한국의 스타트업이 미국의 킥스타터에서 자금 조달을 하는 등 크라우드펀딩 플랫폼은 글로벌화되어가고 있다.

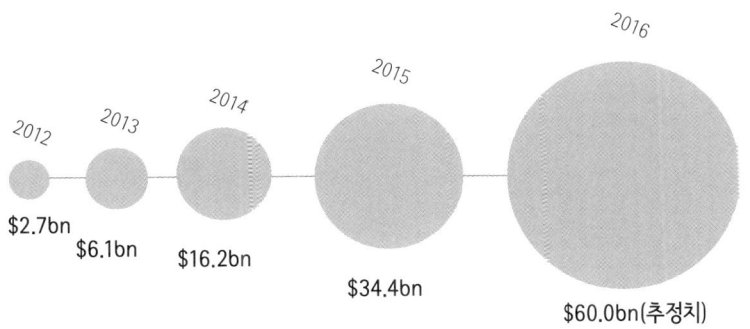

총 펀딩 규모 (년간 증가치) _단위 : 달러

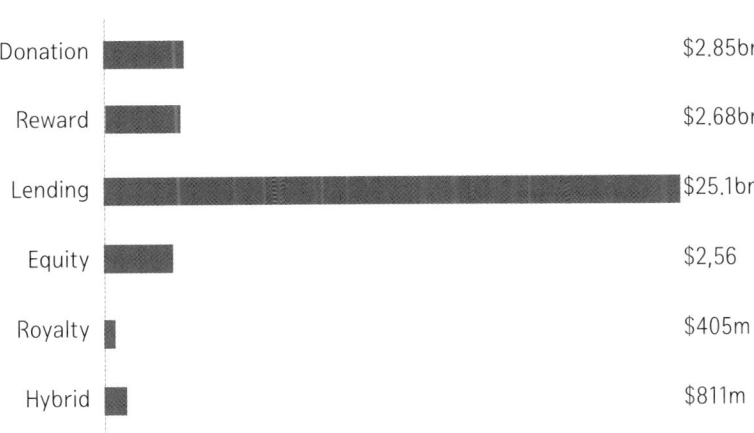

크라우드펀딩 종류에 따른 전체 총 펀딩 규모 (2015년 추정치) _단위 : 달러

KICKSTARTER

4. 크라우드펀딩의 종류

기부형 크라우드펀딩

• 인디고고닷컴의 할머니를 위한 모금 프로젝트 •

2012년 여름, 미국 뉴욕주에서 스쿨버스 통학 상황을 모니터링하는 캐런 Karen 할머니에게 중학생들이 심한 욕설을 퍼부어 할머니가 끝내 울음을 터뜨리는 장면이 유튜브에 올라왔다. 이 일은 뉴스로 보도되기에 이르렀는데 이 동영상을 본 어떤 이가 할머니에게 따뜻한 마음을 전달하려고 할머니의 휴가 비용 5,000달러를 모금하고자 인디고고닷컴에 캠페인을 올렸다. 한때 사이트가 다운될 만큼 접속이 폭주한 이 캠페인은 전 세계 사람들로부터 70만 달러 이상의 금액을 후원받았고, 할머니는 이 돈으로 휴가를 가는 대신 왕따와 따돌림을 방지하는 재단 Anti Bullying Foundation을 세웠다.

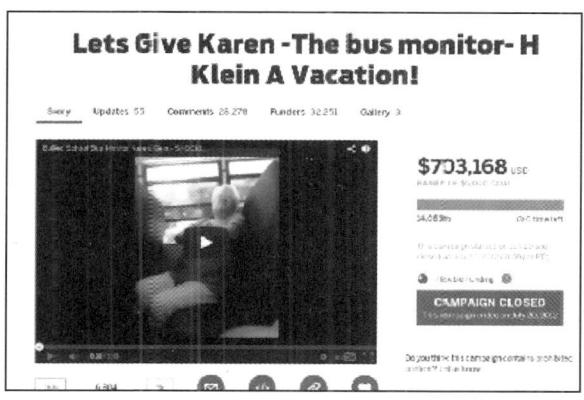

인디고고의 카렌할머니를 위한 모금 프로젝트

이 사례처럼 기부형 크라우드펀딩Donation-based Crowdfunding은 보상을 전제로 하지 않는 순수한 형태의 크라우드펀딩으로, 비영리 단체 또는 특정 목적을 위해 모금이 필요할 때 단기에 프로젝트를 소개하고 모금한다.

• 기부형 크라우드펀딩의 대표적인 플랫폼 •

제1장 크라우드펀딩이란? 33

보상형 크라우드펀딩

• 페블 타임 •

페블 워치Pebble Watch가 출시한 페블 타임Pebble Time은 킥스타터 사상 가장 많은 2천만 달러의 모금을 달성해 큰 성공을 거두는 발판이 되었다.

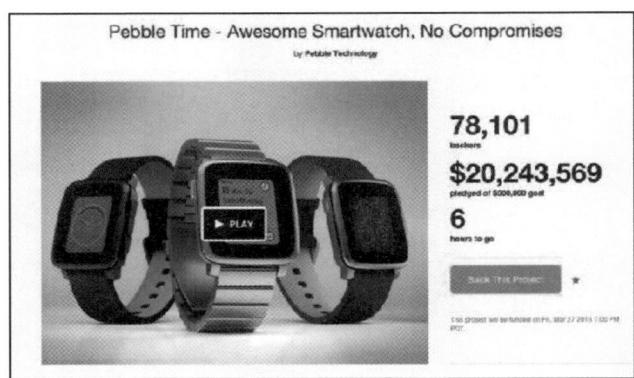

페블 타임의 킥스타터 캠페인

보상형 크라우드펀딩Reward Crowd Funding은 창의적인 프로젝트에 자금을 투자하고 그 대가로 약속한 보상제품, 공연 티켓 등을 받는 형태이다. 창작 활동, 아이디어 제품, 문화예술 상품 등이 주를 이룬다. 보상형은 대중에게 가장 익숙한 형태이며, 마케팅 플랫폼으로 진화해가고 있다.

• 보상형 크라우드펀딩의 대표적인 플랫폼 •

대출형 크라우드펀딩

• 라라 밀러 •

라라 밀러Lala Miller는 퍼션스쿨 졸업 후 자신의 브랜드를 만들기 위해 프로스퍼Prosper에 자신의 열정, 계획, 상환 일정 등을 게시하여 모금에 성공하였다. 라라 밀러는 현재 자신의 이름을 딴 온라인 패션몰을 운영 중이다.

라라 밀러

대출형 크라우드펀딩Debt, Peer-to-peer Lending Crowd Funding은 개인에 대한 소액대출 형식인데 차입자는 만기가 되면 원금과 이자를 상환하면 된다. 인터넷상의 플랫폼을 통해 융자를 받는 형태인데 현재 크라우드펀딩 전체 산업의 40% 이상을 차지하고 있다. 플랫폼상에서 투자자와 자금 수요자가 유기적으로 만나게 되는데 투자자는 비교적 높은 이자를 받을 수 있고 차입자는 손쉽게 자금을 쓸수 있다는 장점이 있다.

• 대출형 크라우드펀딩의 대표적인 플랫폼 •

Funding Circle   LendingClub   PROSPER Upstart   Zopa

펀드형 크라우드펀딩

● 키피스 ●

캘리포니아 베니스에 위치한 유기농 아이스크림 가게 키피스 Kippy's! Organic Non Diary Ice Cream는 펀드형 크라우드펀딩을 통해 20만 달러를 모금해서 매장을 열었으며 투자자들에게 수익금을 배당하는 형식으로 운영하고 있다.

펀드형 크라우드펀딩 Fund-based Crowd Funding 은 펀드 형태로 투자하여 이익에 따라 배당을 받는 형태로, 성공 시 금전적 보상을 받게 된다. 금융상품으로 취급되어 금융거래법의 규제를 받으며 금융업체를 통해 조합을 만들어 운영한다. 이 경우 금융업체가 크라우드펀딩의 플랫폼 역할을 하게 된다.

● 펀드형 크라우드펀딩의 대표적인 플랫폼 ●

CircleUp

주식형 / 지분형 크라우드펀딩

• 햅 하우징 •

영국회사 햅 하우징Hap Housing 은 2013년 크라우드펀딩을 통해서 회사지분 25%를 가지고 197만 파운드를 640명의 투자자로부터 모금하는 데 성공하였다.

주식형/지분형 크라우드펀딩Equity-based Crowd Funding은 최근 가장 빨리 확산되고 있는 크라우드펀딩으로, 미국에서는 2012년 JOBSJumpstart Our Business Startups 법이 통과되면서 적극적인 투자가 이루어지고 있다. 일반인들도 비상장 주식에 투자하는 것이 합법화된 것인데 지분형 크라우드펀딩은 다른 형태의 크라우드펀딩에 비해 리스크는 높지만 투자한 회사가 성공할 경우 나중에 돌아오는 금전적 보상은 크다고 볼 수 있다. 주식형 크라우드펀딩의 규모는 2020년까지 매년 두 배씩 증가할 것으로 예상되고 있다.

• 주식형/지분형 크라우드펀딩의 대표적인 플랫폼 •

크라우드펀딩 요약

종류		출자에 대한 회수	사례	적합용도
비투자형	기부형	없음	Crowdrise, YouCaring, GoFundMe, Just Giving, 해피빈, 위제너레이션, 기브포워드	소외된 이웃이나 여러 복지상황을 지원할때
	보상형	상품 또는 서비스	Kickstarter. Indiegogo. RocketHub	예술 프로젝트, 신제품, 아이디어 상품
투자형	대출형	금전 (이자 또는 원금)	Lending Club, FundingCircle, Prosper, Upstart, Zopa	단기 상환을 목적으로 자금이 필요할 때
	펀드형	금전(수익)	CircleUp	수익성 높은 프로젝트를 수행할 때
	주식형	금전 (배당/자본이득)	Ourcrowd, AngelList, Fundable	회사 운영상 추가 자금이 필요할 때

KICKSTARTER

5. 크라우드펀딩의 전망

크라우드펀딩은 앞으로 급속히 확대되어 2020년도에는 약 900억 달러 규모에 달할 것으로 예상한다. 지금은 미국이 가장 큰 시장이지만 2025년쯤에는 중국의 크라우드펀딩 규모가 미국을 능가할 것으로 보인다. 또한, 크라우드펀딩 플랫폼이 글로벌화되면서 국경이 사라질 것이다. 즉 인터넷이라는 매체를 이용한다는 특성상, 지역과 관계없이 프로젝트를 구상해서 올리고 펀딩을 완성하는 형태로 발전할 것으로 보인다.

2015년 말 기준으로, 전 세계적으로 약 1,500개 이상의 크라우드펀딩 플랫폼이 있다고 한다. 2013년의 308개에 비해 다섯 배가 증가하였다. 킥스타터나 인디고고와 같은 보상형 크라우드펀딩은 앞으로 강력한 마케팅 플랫폼으로 크라우드펀딩 산업을 이끌고 갈 것이며 산업군별로 특화된 크라우드펀딩 플랫폼도 생겨날 것이다.

예를 들면, 모바일 앱을 위한 크라우드펀딩 플랫폼 앱스토리^{AppStori}, 또는 헬스케어 제품 전문 메드스타^{MedStarr}, 음식 및 식자재 전문 반레이저^{Barnraiser} 같은, 분야별로 신규 크라우드펀딩 플랫폼이 등장할 것이다. 하지만 그 규모로 볼 때 킥스타터나 인디고고에 대적할 수 없을 것이다. 특히 킥스타터의 약진이 두드러질 것이다.

크라우드펀딩은 그동안 다소 소외되거나 제도권에서의 투자가 힘들어 보이는 프로젝트가 주를 이루었지만, 이제는 잘 알려진 메이저 브랜드들도 크라우드펀딩을 통해 제품을 출시하고 있다. 이런 현상은 크라우드펀딩이 확산될수록 두드러질 것으로 보인다. 그렇다면 크라우드펀딩 플랫폼이 대기업 제품의 선전 도구로 전락할 수도 있을 것이며 그렇게 된다면 스타트업들의 자리가 좁아질 것이란 우려가 생길 수밖에 없다.

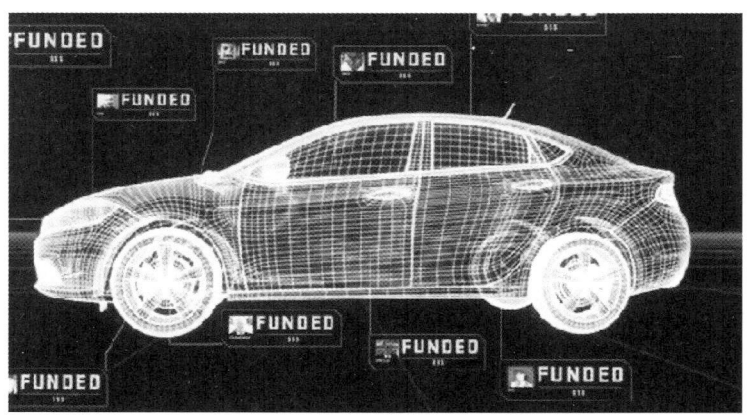

크라우드펀딩 방식으로 제품을 판매하고 있는 크라이슬러 자동차의 Dodge Dart 모델

그리고 국가별로 대표적인 보상형 크라우드펀딩 플랫폼이 등장할 것이다. 크라우드펀딩의 가장 큰 부분은 대출형 크라우드펀딩이 될 전망인데 그 규모가 확장돼서 제도권의 은행들도 대출형 크라우드펀딩에 어떤 형태로든 참가하려고 할 것이다. 그리고 지분형 크라우드펀딩은 기존의 벤처 캐피털의 투자를 꾸준히 잠식해 나갈 것으로 보여 스타트업들에게는 가장 강력한 투자 유치 방안으로 자리를 잡을 것이다.

이러한 전망 속에 스타트업들이 주목해야 할 현상이 있다. 스타트업들이 향후 투자를 받기 위해서 크라우드펀딩이 거쳐 가야 할 하나의 중요한 관문이 될 가능성이 커지고 있다는 것이다. 투자자 입장에서는 크라우드펀딩이 하나의 시험대가 될 수 있다. 하드웨어의 경우는 보상형 크라우드펀딩으로 솔루션이나 소프트웨어의 경우는 지분형으로 진행해서 펀딩에 성공하면 일단 시장의 반응에 대한 확신을 가질 수 있기 때문이다. 이런 점에서 크라우드펀딩은 향후 더욱 확산되고 발전되어 나갈 것으로 전망되고 있다.

CROWDFUNDING KICKSTARTER

2장
킥스타터란?

KICKSTARTER
1. 킥스타터의 출발

킥스타터의 시작은 2001년으로 거슬러 올라간다. 뉴올리언스에서 DJ 음악을 작곡하던 페리 첸$^{Perry\ Chen}$은 첫 공연을 기획하던 중 15,000달러의 공연장 계약금을 마련하지 못해 계획을 접어야 했다. 그는 '공연에 오길 원하는 사람들에게 미리 푯값을 받으면 계약금으로 쓸 수 있을 텐데'라는 생각을 하게 되었다. 이 단순한 발상으로 킥스타터는 시작되었다. 2005년 뉴욕의 한 식당에서 웨이터로 일하던 페리는 우연히 손님으로 온 음악 저널리스트 얀시 스트리클러$^{Yancey\ Strickler}$에게 이 생각을 이야기하게 된다. 인터넷을 통하면 개인적이고 성공 가능성이 낮은 일이라도 후원자를 구하는 일이 가능하지 않을까? 둘은 창업을 결심하고 곧 웹디자이너인 찰스 애들러$^{Charles\ Adler}$를 팀에 합류시켰다. 하지만 바로 사업을 시작할 수 없었다. 킥스타터라는 사이트가 오픈되기까지는 또다시 4년이 소요되었다. 자금이 문제였는데 2008년 어렵사리 20만 달러를 구해서 개발자를 고용하고 서

킥스타터 창업자 : 왼쪽부터 찰스 애들러, 페리 첸, 얀시 스트리클러

버 비용을 충당할 수 있었다. 그렇게 2009년 킥스타터가 출범하게 된다. 킥스타터는 시작부터 높은 관심과 호응을 받았다. 각종 캠페인이 올라왔다(킥스타터에서는 프로젝트를 캠페인이라 부른다). 2010년에는 3,900개 이상의 캠페인이 킥스타터를 통해 론칭되었고 킥스타터는 그해 2,600만 달러의 투자를 유치하면서 뉴욕에 사무실을 열게 된다.

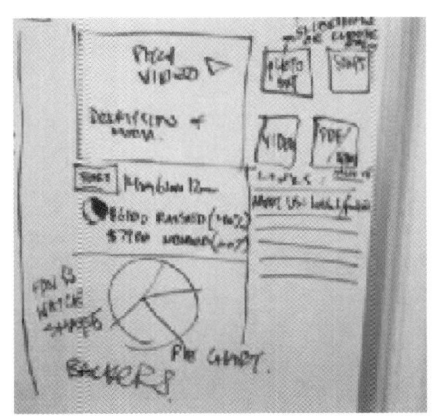

화이트보드에 적은 킥스타터 홈페이지 기획안

제2장 킥스타터란?

킥스타터의 발자취

년도	내용
2009	• 2009년 4월 28일 오후 4시 27분 킥스타터 서비스 개시
2010	• 뉴욕 본사 개설 • 3,910개의 캠페인을 성공시킴 • 총 펀딩 금액 2,700만 달러 달성
2011	• 타임지 선정 최고의 웹사이트로 뽑힘 • 11,836개의 캠페인을 성공시킴 • 총 펀딩 금액 9,900만 달러 달성 • 누적 후원자(Backer) 수 1백만 명 돌파
2012	• 해외진출 : 미국 외 9개 국가에서 서비스 개시 • Double Fine Adventure 캠페인 24시간 만에 1백만 달러 달성 • 총 펀딩 금액 3.2억 달러 돌파
2013	• 1일 평균 펀딩 금액 1300만 달러 • 총 펀딩 금액 4.8억 달러 돌파 • 모바일 앱 출시 • 전 세계 214개국에서 캠페인 후원 가능
2014	• 지금의 브루클린 오피스로 확장 이전 • 직원 70명으로 증가 • 총 펀딩 금액 5.8억 달러 돌파
2015	• 총 펀딩 금액 6.9억 달러 돌파 • 캠페인 수 누계 25만 개 돌파 • 후원자 수: 천만 명
2016	• 총 펀딩 금액 7.6억 달러 돌파 • 캠페인 수 누계 33만 개 돌파 • 후원자 수: 천이백만 명

킥스타터의 현황

킥스타터는 현재 세계 최대의 크라우드펀딩 플랫폼이자 신제품을 위한 최고의 마케팅 플랫폼이다. 전 세계 18개국에서 킥스타터를 통해서 캠페인 론칭이 가능하며, 2015년까지의 현황은 다음과 같다.

내용	2015년	2014년
총 펀딩 규모	6.9억 달러	5.8억 달러
성공한 펀딩 규모	6.1억 달러	5.2억 달러
론칭된 캠페인 숫자	76,867	66,558
성공한 캠페인	22,036	22,233
실패한 캠페인	54,831	44,325
캠페인 성공률	29%	33%
중단된 캠페인	628	205

다음은 2015년 펀딩규모 분석이다.

캠페인당 펀딩규모	총펀딩금액 대비비율	캠페인숫자 비율
$ 0 ~ $ 10,000	8%	65%
$ 10,000 ~ $ 50,000	20%	27%
$ 50,000 ~ $ 100,000	10%	4%
$ 100,000 ~ $ 500,000	26%	3%
$ 500,000 and more	36%	1%

KICKSTARTER
2. 킥스타터의 정신

잘 나가는 스타트업들은 소위 유니콘 클럽^{10억 달러 이상의 매출을 기록한 스타트업}에 들면서 창업자들이 큰돈을 벌었다. 킥스타터의 창업자 3인도 그럴 기회가 있었다. 하지만 그들은 돈 버는 것에 큰 관심이 없었다. 그들은 폭발적인 사업확장과 매출증가에 따라 은행권으로부터 회사를 상장시키자는 제안도 받았고 모 IT 기업으로부터 인수 제안도 받았다. 하지만 그들은 이 모든 제안을 거절하였다. 더 나아가 킥스타터가 기록적인 신장을 거듭하며 잘 나가던 2015년 9월 20일, 킥스타터를 공익기업^{Public Benefit Corporation}으로 전환하겠다고 선언해버렸다. 킥스타터를 돈이 좌우하는 플랫폼이 아닌, 누구나 창의적인 캠페인을 만들고 실현할 수 있도록 하겠다는 것이다. 그리고 주식시장에 상장하거나 회사를 매각하는 일은 결코 없을 것이라고 공언했다.

그들은 그렇게 함으로써 공공의 이익을 계속 지켜나갈 수 있고 그들의 초심인 "창의적인 캠페인에 생명을 불어 넣는 help bring creative project to life" 일에 몰두할 수 있다고 믿는다. 물론 앞으로도 킥스타터가 이윤을 추구하면서 사업 활동을 해 나갈 것이지만 한 가지 분명한 것은 회사의 투명성이 강조될 것이며 향후 사회 공익에 어떠한 역할을 하는 가가 경영의 중요한 잣대가 될 것이다.

이렇게 이윤보다 공익성을 강조하는 것을 이해하려면 먼저 킥스타터라는 플랫폼이 가지는 순수성을 이해해야 한다. 킥스타터에 올라오는 캠페인은 순수성과 공익성을 어떻게 녹여내는가가 펀딩의 성공 여부에 지대한 영향을 끼친다고 볼 수 있다. 단순히 제품의 기능과 가격 등으로만 킥스타터의 후원자 Backer들에게 어필하려 하는 것보다는 캠페인과 관련된 스토리와 배경, 그리고 이 캠페인을 통해 꿈을 이루겠다는 의지와 열정을 보여줘야 할 것이다.

즉, 무조건 수익모델을 따지는 비즈니스의 세계와는 다른 접근 방식이 필요하다. 킥스타터에서는 돈을 벌거나 돈이 될 것 같은 캠페인이 아니라 꿈 같지만, 현실화되기 원하는 것을 후원한다. 세상에는 수익을 낼 수 없지만 충분히 가치 있는 캠페인이 존재한다는 것이다. 그리고 그런 캠페인을 지원하고 기회를 주는 것이 킥스타터는 사명이라고 생각하는 것이다. 그래서 킥스타터는 혁신의 원천이고 물적인 평가보다는 인간의 감성에 더 의존하는 크라우드펀딩 플랫폼이다.

Kickstarter is now a Benefit Corporation

Yancey Strickler, Perry Chen, and Charles Adler
Sep 21 2015

Kickstarter Inc is no more. We're now Kickstarter PBC — a Public Benefit Corporation. We're thrilled to share this news, and we'd love to take a minute to tell you exactly what it means.

Until recently, the idea of a for-profit company pursuing social good at the expense of shareholder value had no clear protection under U.S. corporate law, and certainly no mandate. Companies that believe there are more important goals than maximizing shareholder value have been at odds with the expectation that forprofit companies must exist ultimately for profit above all.

Benefit Corporations are different. Benefit Corporations are for-profit companies that are obligated to consider the impact of their decisions on society, not only shareholders. Radically, positive impact on society becomes part of a Benefit Corporation's legally defined goals.

Kickstarter is excited to join a growing list of forward-thinking organizations — like Patagonia and This American Life — that have taken the big step to become a Benefit Corporation. While only about .01% of all American businesses have done this, we believe that can and will change in the coming years. More and more voices are rejecting business as usual, and the pursuit of profit above all.

킥스타터의 창업자가 공익회사를 선언하는 발표문

얀시 스트릭클러, 페리 첸, 찰스 애들러
2015년 9월 21일

킥스타터는 이제 주식회사가 아닙니다. 킥스타터는 이제 공익기업입니다. 킥스타터는 공공의 이익을 위한 공익기업Public Benefit Corporation이 될 것을 선언합니다. 이런 새로운 소식을 알려드리게 되어 매우 영광스럽게 생각합니다. 그리고 이 선언이 무엇을 의미하는지 여러분께 설명하겠습니다.

주주의 가치를 지키지 않고 많은 사람에게 혜택을 돌려주겠다면 미국 상법상 보호를 받을 수도 없을 것이고 그렇게 해야 할 의무가 있는 것도 아닐 것입니다. 하지만 주주의 이해관계보다 더 중대한 목표가 있다고 믿고 있는바 결과적으로 이윤을 추구해야 하는 현재의 기업 구도와는 그 긷음과 입장에 있어 서로 뜻이 맞지 않았습니다.

공익기업에선 달라질 겁니다. 공익기업은 의사결정에 있어서 주주들뿐만 아니라, 사회 전반에 걸쳐 영향을 끼칠 수 있음을 생각해야 할 의무가 있습니다. 사회에 긍정적인 영향을 미치는 것이 공익 회사들의 법률로 정한 목표의 일부입니다.

킥스타터는 이제 미래를 생각하는 공익 단체인 파타고니아Patagonia나 디스 어메리칸 라이프This American Life 같은 회사들과 같이 공익에 참여하게 되었는데 이는 매우 영광스러운 일이 아닐 수 없습니다. 공익 회사가 되기 위한 큰 발걸음이 될 것입니다. 미국의 기업 중 단 0.01%만이 공익단체에 참여하지만, 우리는 오늘의 결정이 다가오는 미래를 변화시킬 수 있을 거라 믿습니다. 보다 더 많은 회사가 이윤추구만을 위한 기업활동을 거부하고 있기 때문입니다.

If you want to see what we think is important, you can find a link to our Benefit Corporation charter here. We've spelled out a specific list of values and commitments we'll live by: We renew our longstanding commitment to arts and culture. We declare how we plan to conduct ourselves in situations that are often swayed by profit motives. And we newly commit to donate 5% of annual post-tax profits to arts education and organizations fighting inequality. Every year, we'll release an assessment of how we're performing on the commitments we've made.

There was not a single dissenting vote by a Kickstarter shareholder to re-incorporate as a Benefit Corporation. We're once again grateful for the support and partnership we've had from this group of friends, investors, and current and former team members. Thank you all! From Kickstarter's inception, we've focused on serving artists, creators, and audiences to help bring creative projects to life. Our new status as a Benefit Corporation hard-codes that mission at the deepest level possible to guide us, and future leaders of Kickstarter.

To all the creators and backers who have helped make Kickstarter what it is today — we're excited to keep working with you, and helping new creative projects come to life as Kickstarter PBC.

Thank you.

여러분께서 킥스타터가 가장 중요하게 생각하는 것을 알고 싶다면, 킥스타터 홈페이지의 '공익기업 선언문'을 찾아보시기 바랍니다. 우리가 지켜야 할 약속과 가치에 관한 설명이 있습니다. 우리는 그동안 예술과 문화에 대한 사회적 의무를 실행해 왔습니다. 때로는 이윤추구에 대한 욕심 때문에 마음의 동요를 일으킬 수 있는 상황에 접하게 될 것인데 이러한 상황을 어떻게 대처하게 되는지에 대한 계획을 분명히 말하고 있습니다. 앞으로 매년 세후 이익의 5%를 예술 교육과 불평등과 싸우는 단체에 기부할 것을 새롭게 약속드립니다.

킥스타터의 주주들은 공익기업을 위해 법인을 새로 만드는 것에 대해 단 한 명도 반대하지 않았습니다. 킥스타터는 친구들, 투자자들, 현재와 과거의 팀 동료 등 모든 파트너 여러분의 지지에 대하여 다시 한번 감사의 말씀 드립니다. 모든 사람에게 감사의 말씀을 전합니다. 킥스타터는 설립 당시부터 창의적인 프로젝트와 예술가, 크리에이터, 참가자들의 삶에 활력이 될 수 있도록 돕는데 모든 역량을 쏟아 왔습니다. 공익기업으로써 새롭게 설정한 목표는 무궁무진한 가능성을 제공하고 우리뿐 아니라 킥스타터 미래와 관련된 모든 리더에게 새로운 기회를 제공할 것입니다.

현재의 킥스타터가 있지끔 도와준 모든 크리에이터들과 후원자들에게 전합니다. - 킥스타터는 여러분들과 계속 함께 일할 수 있어서 영광이며, 공익기업 킥스타터로써 새로운 창의적인 프로젝트가 우리의 삶에 활력이 될 수 있도록 노력할 것입니다.
감사합니다.

KICKSTARTER

3. 누가 킥스타터를 하는가?

킥스타터는 새로운 캠페인을 구상하고 있는 모든 이들에게 열려 있다. 세상 사람들과 공유하고 싶은 무언가가 있다면 일단은 킥스타터를 통해 가능하게 만들 수 있다. 킥스타터는 '신뢰를 바탕으로 한 소통의 장'이라는 표현을 쓰고 있다. 따라서 캠페인은 신빙성이 있어야 하고 실체를 근거로 해야 한다. 킥스타터가 모두에게 열려있는 것 같지만 사실상 킥스타터에서 캠페인을 실제 가동하기 위해서는 까다로운 킥스타터 운영진의 심사를 통과해야 한다.

킥스타터 운영진의 캠페인 심사의 가이드라인은 정확하게 드러나지 않지만 몇 가지 사전 조건이 있다.

▶ 킥스타터에 제품을 올리기 위해서는 작동이 증명된 프로토타입Working Prototype이 필요하다. 즉 컨셉과 아이디어만 가지고는 킥스타터의 캠페인이

될 수 없다는 것이다. 이런 점에서 킥스타터는 매우 집요하다. 특히 단순한 제품의 사진, 렌더링, 그래픽 동영상만으로는 절대로 킥스타터의 심사를 통과할 수 없다. 즉 참신한 아이디어라도 기본적인 검증이 필요하고 최소한 컨셉이 제품화되는 데 문제가 없다는 기술적 증명이 필수적이다.

▶ 킥스타터는 주로 IT 제품을 대상으로 한다고 알려져 있지만 잘못된 생각이다. 기본적으로 다음과 같이 다양한 부문에 대한 아이디어와 실행 계획이 있다면 캠페인으로 만들어 킥스타터에 올릴 수 있다.

• 공연 기획 (음악회, 연극, 춤, 뮤지컬 등) •

• 서적 또는 음반 •

제2장 킥스타터란?   55

• 패션 및 디자인 아이템 (의류, 신발 등)

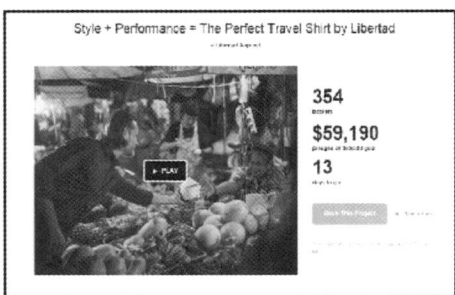

• 음식 및 레서피 (소스개발, 식당개점 등)

• IT 기술 제품 (IoT, 웨어러블, 스피커, 헤드폰 등)

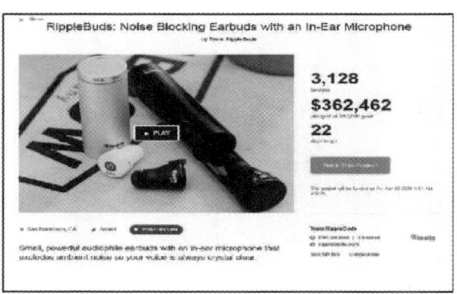

• 단순 개인용품 (가방, 취미용품, 카메라, 시계, 선글라스 등)

• 게임 (개발 중인 게임)

4. 킥스타터에 올릴 수 없는 것들

기본적으로 킥스타터의 캠페인에는 금지 또는 제한하는 규정이 있다. 먼저 현재 시장에서 유통 중인 제품은 제한하고 있다. 어디서나 살 수 있는 제품을 킥스타터에서 만날 수 있다면 킥스타터는 또 다른 온라인 마켓으로 전락하고 말 것이다. 킥스타터는 새로운 혁신적인 아이디어와 제품을 만날 수 있도록 해야 한다는 기본적인 철학 때문에 이미 유통하고 있는 제품에 대해서는 제한을 두고 있는 것이다. 그래서 시중에 유통 중인 제품은 킥스타터에 올릴 수 없다.

또한, 킥스타터는 복제품을 단호하게 거부한다. 다른 이의 발명을 이용해 제품을 만드는 것, 이미 존재하는 제품을 그대로 만든 복제품, 누군가 만든 제품을 본인의 것인 것처럼 올린 제품 등은 철저하게 금지하고 있다. 또한, 이미 진행 중인 캠페인이라도 이러한 이유에서 캠페인을 바로 취소 조치를 하기도 한다. 매년 수백 개의 캠페인이 이런 이유에서 취소되는데 여기에는 킥스타터 플랫폼에서 후원 활동을 하는 천이백만 명에 달하는 전 세계 후원자^{Backer}들이 한몫을 하고 있다.

킥스타터에 올려지는 캠페인은 물론 킥스타터의 기본적인 심사과정을 거치게 되지만 캠페인으로 올려지는 순간 수많은 후원자의 관심의 대상이 되는데 후원자들의 자체 정화기능이 작동한다. 후원자들은 캠페인 내용의 사실확인은 물론 캠페인의 소유권, 유통 여부 등을 조사하고 의견을 개진하기도 하고 때로는 킥스타터 운영자에게 제보와 고발 조치를 하기도 한다. 킥스타터는 캠페인을 지속해서 관리하고 고발을 접수하거나 캠페인 진행 중 심각한 하자가 발생하면 즉각적으로 조사에 들어가고 후속 조치를 하게 된다. 조사내용에 따라 캠페인의 내용을 수정하도록 권유하기도 하고 최악의 경우 캠페인 자체를 취소하도록 판정을 내리기도 한다.

이렇게 킥스타터 내부에서 캠페인을 감시하는 일은 '킥스타터 진실팀$^{Kickstarter\ Integrity\ Team}$'이라는 부서가 하고 있는데 이들은 캠페인의 사실성 여부를 따지고 후원자들의 고발내용을 확인하는 일을 한다. 매년 수백 개의 캠페인에 대해 취소 판정을 내리고 있는데 때로는 막대한 금액을 이미 후원받은 캠페인이라도 과감하게 취소판정을 내린다.

몇 가지 예를 보자.

• Sharp Laser Razor Campaign •

2015년 10월 레이저를 장착한 면도기로 킥스타터에 소개되어서 단 1주일 만에 4백만 달러의 금액을 모았지만 제대로 작동하는 시제품을 보여주는 데 실패하면서 킥스타터로부터 캠페인 중단 판정을 받았고 후원금액은 전액 환급되었다.

• FireStarter Survival Bracelet •

2015년 본인이 개발한 제품이라며 킥스타터에 론칭했으나 같은 제품이 알리바바 사이트에 이미 공개되어 초저가로 판매되고 있었다는 것을 후원자들이 밝혀냈다. 50센트에 제품공급 계약까지 마치고 캠페인을 진행하였고 이미 47만 달러의 금액이 후원되었지만 킥스타터는 곧바로 이 캠페인에 취소 조처를 했다.

KICKSTARTER

5. 킥스타터 금지 품목

다음 아이템은 킥스타터로부터 캠페인으로서의 리스팅 자체가 금지되어 있다.

- Nutritional Supplements & Medicine : 건강 관련 보조식품
- Energy Food & Drink : 자양강장제, 정력보강제 등
- Political Fund Raising : 정치후원 모금
- Fund My Life : 개인적인 목적의 후원
- Weapon : 총기 또는 흉기
- Real Estate : 부동산
- Financial Program   이자나 배당을 목적으로 한 금융상품
- Sexual Material : 성적 기구나 동영상 제작
- Alcohol, Drug, Tobacco : 술, 담배, 또는 마약류

킥스타터는 사회에 해악을 끼치거나 소위 도덕적으로 문제가 있는 캠페인은 리스팅을 금지하고 있다고 볼 수 있다. 인디고고Indiegogo의 경우는 상대적으로 킥스타터보다는 쉽다. 그래서 킥스타터에서 중지된 캠페인이 인디고고에 다시 올라가 모금을 계속하기도 한다. 공신력과 신뢰성 면에서는 킥스타터의 수준이 매우 높다고 평가된다. 일단 킥스타터에 올리고 싶은 제품이 있다면 그 제품이 킥스타터의 캠페인으로서 적합한 것인지 그리고 성공의 가능성이 있는지 면밀하게 따져 봐야 할 것이다. 재미로 하는 것이 아니라면 캠페인에 올라 심사에 탈락한다거나 중지 명령을 받는 것은 피해야 한다. 무엇보다도 킥스타터의 목표액 달성에 실패하게 되면 킥스타터의 사이트에 영원히 남게 되므로 현명하고 냉정하게 판단해봐야 한다.

킥스타터 Top5 (전 세계)

페블 타임

1위

총 펀딩액 : $20,338,986

페블 타임Pebble Time은 페블 테크놀로지Pebble Technology에서 선보인 스마트 와치이다. 킥스타터 모든 캠페인 중에서 가장 많은 펀딩을 했으며, 백만 달러를 1시간 내에 모아 최단시간 기록도 세웠다. 페블 테크놀로지는 3년이 지난 지금도 새로운 페블 타임을 출시하고 있으며 고릴라 글래스를 적용하고 10일 동안 사용할 수 있는 배터리를 탑재했다.

2위	쿨리스트 쿨러 총 펀딩액 : $13,285,226	쿨리스트 쿨러Coolest Cooler는 스마트 아이스박스다. 이 아이스박스에는 믹서기, 방수기술이 적용된 블루투스 스피커, usb 충전포트, LED 라이트, 도마, 칼, 접시, 추가 바퀴, 병따개, 특수바퀴(모래해변에서도 이동 용이)가 있다.
3위	페블2, 타임2, 코어 총 펀딩액 : $12,779,843	페블2, 타임2, 코어는 페블 테크놀로지어서 내놓은 2번째 스마트 웨어러블 기기이다. GPS, 음악, 아마존 AI 인 알렉사, 트레킹 기능, 보이스노트, 3G/wifi를 탑재한 스마트와치와 GPS트레킹, 보이스노트, 스포티파이Spotify, SOS 기능을 탑재한 페블 코어를 출시하였다.
4위	페블 총 펀딩액 : $10,266,845	Pebble Technology에서 선보인 첫 번째 캠페인이다. 블루투스 기능을 활용한 트레킹 기능, 뮤직컨트롤, 커스터마이징 시계앱, 이메일 알림 등이 있는 스마트웨어러블 기기이다.
5위	더 베스트 트래블 재킷 총 펀딩액 : $9,192,055	인도인 상하비Sanghavi 부부가 만든 이 자켓은 남편이 해외출장 때 목 베개를 두고 가면서 거기에 착안하여 만든, 15가지 기능이 있는 재킷이다. 4가지 스타일의 남녀 옷이 있으며, 옷 안에는 목 베개, 눈 마스크, 장갑, 펜, 아이패드 주머니, 음료수 주머니 등 다양한 기능이 들어있다.

킥스타터 Top5 (한국회사)

1위	ZUNGLE 총 펀딩액 : $1,947,035	정글 ZUNGLE은 블루투스 이어폰 기능을 더해 선글라스를 낀 상태로 스마트기기의 음악을 들을 수 있는 선글라스이다. 이어폰은 선글라스 다리에 있는 골전도 이어폰이다. 소리 진동이 착용자의 달팽이관으로 전달되어 착용자가 소리를 들을 수 있다. 이 방식은 착용자 외에 다른 사람이 소리를 들을 수 없는 장점이 있다.
2위	시그널 총 펀딩액 : $1,469,202	시그널 Sgnl은 손가락을 귀에 대면 통화할 수 있는 스마트 시계줄이다. 삼성전자의 자발적 연구프로젝트인 C-Lab Creative Lab에서 선발된 이노들연구소가 내놓은 첫 스마트기기로, 일반적인 시계나 스마트시계, 다른 일반적 시계와도 연결해 사용할 수 있다.
3위	배이글 랩스 총 펀딩액 : $1,021,583	다양한 기능이 탑재된 스마트 줄자이다. 3가지로 측정 가능한 모드, 블루투스를 탑재하고 있으며, 잰 길이를 휴대폰으로 보내는 기능, 보이스 레코딩 기능을 탑재하고 있다.

순위	제품	설명
4위	**솔라 페이퍼** 총 펀딩액 : $1,021,583	솔라 페이퍼Solar Paper는 페이퍼라는 이름에서 짐작할 수 있듯이 세상에서 가장 얇고 가벼운 태양광 충전기이다. 핵심 패널 위쪽을 보면 작은 디스플레이가 있다. 실시간으로 생산되는 전력량을 직접 확인해 볼 수 있다. 각 패널은 분리되며 여러 패널을 동시에 붙여서 많은 에너지를 생산할 수 있다.
5위	**리플버즈** 총 펀딩액 : $750,374	리플버즈RippleBuds는 이어폰에 마이크를 내장하여 통화하는 사람의 주변의 소음을 차단하는 기술을 사용한 무선 이어폰이다. 보통의 이어폰은 입에서 나온 말을 마이크로 받아 전송하기 때문에 잡음이 들어가지만, 이 제품은 말을 하면 귀어서도 소리가 나오는 원리를 이용하여 스피커와 마이크를 모두 이어폰 속에 내장하여 상대방에게 깨끗한 고품질의 소리를 전달할 수 있다.

제2장 킥스타터란?

CROWDFUNDING KICKSTARTER

3장
킥스타터 캠페인 기획

KICKSTARTER
1. 캠페인 컨셉 잡기

2009년 킥스타터가 시작되고 난지 5주 정도 지났을 때 페리첸은 한 언론과의 인터뷰에서 '성공적인 프로젝트는 어떤 것인가'에 대해 언급한 내용이 있다. 아무도 킥스타터에 주목하지 않을 때 한 인터뷰이지만 지금도 그 원리는 적용되고 있다. 페리는 참가자들이 이 여섯 가지 원칙을 지킨다면 좋은 크라우드펀딩의 경험이 될 것이라고 역설한다.

> ▶ **페리첸의 여섯 가지 원칙**
>
> ① "인간이 다른 인간에게 도움을 청하는 것이다."
> ② "내 인생에 스폰서가 되어 달라는 것이 아니다. 분명치 않은 나의 목표에 투자해 달라고 하는 것이 아니라는 것이다."
> ③ "당신에 도움을 준 사람들에게 그 도움의 대가로 전달할 가치를 찾아

내는 것이다."

④ "그렇다. 누구나 퍼 이지를 만들고 아이디어를 올릴 수 있다. 하지만 사람들은 지갑을 열기 전에 당신이 실제로 그 일을 해낼 수 있을까에 대해 알고 싶어한다."

⑤ "그 과정에서 캠페인의 만든 사람과 후원자 간의 벽이 허물어지게 될 것이다."

⑥ "당신의 아이디어는 변함이 없다. 더욱 알리고 퍼뜨려야 하고 당신의 친구들이 그 일을 도와줄 것이다."

킥스타터에서는 공개적으로 프로젝트를 '캠페인 Campaign'이라고 한다. 킥스타터에서 가장 중요한 질문은 아마도 '내가 생각하고 있는 캠페인이 진정 독특하고 특별한가?'일 것이다. 성공적인 캠페인을 만들기 위해서는 킥스타터 플랫폼을 통해서 본인의 열정과 의지를 강하게 표명해야 한다. 물론 제품이나 캠페인의 내용이 흥미로워야 하는 것은 기본이다. 매일매일 수많은 캠페인이 킥스타터를 통해 쏟아져 나오고 있다. 수많은 캠페인 중에서 나의 캠페인이 더 확실히 드러날 필요가 있다. 그 어떤 캠페인을 생각하고 있더라도 캠페인 자체가 자세히 검토되고 세심하게 기획되고 치밀하게 계획되지 않으면 안 된다. 캠페인에 대한 구체적인 계획을 수립하기 전에 다음과 같은 질문에 대한 답변을 생각해봐야 할 것이다.

- 이 캠페인을 통해 무엇을 이루려 하는가?
- 나의 캠페인이 사람들의 관심을 끌 수 있을까?
- 캠페인을 제대로 끝낼 수 있을까?

이 캠페인을 통해 무엇을 이루려 하는가?

캠페인의 배경 스토리텔링에 관한 것이다. 캠페인의 궁극적인 목표, 즉 이 캠페인을 통해서 이루고자 하는 바를 명확히 정의해야 한다. 개인적인 이유가 있어도 좋고 공공의 이익을 위한 거창한 이유도 좋다. 세상에 그리고 사람들에게 만들어 전달하고 싶은 제품, 평생을 꿈꾸던 공연, 인생을 걸고 완성해야 하는 발명품 등일 것이다. 그러나 캠페인의 의도나 목적이 복잡하지 않아야 한다. 단순하고 직관적으로 문제를 직접 해결하겠다는 분명한 목표가 존재해야 한다. 물론 거창하게 사회를 변화시키려는 의도의 캠페인이 있고 일상의 작은 불편을 해결하겠다는 캠페인도 있다. 하지만 피부에 와 닿는 문제 해결 능력을 갖추고 있는 캠페인이 성공적이었다. 직관적이고 구체적인 캠페인! 킥스타터의 키워드이다.

두 개의 캠페인을 비교해 보자.

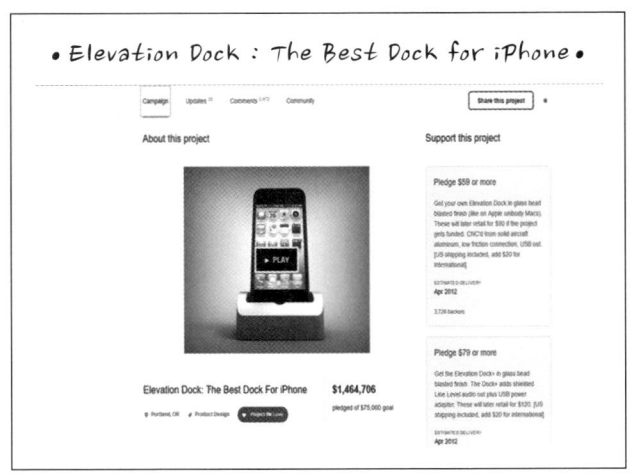

이 제품은 평범한 아이폰의 도크^{Dock} 같아 보인다. 하지만 이 캠페인은 작은 혁신이 돋보인다. 아이폰 도크가 전부 가벼운 플라스틱으로 만들어져서 끼울 때 두 손을 사용해야 하는데, 이 제품은 도크 자체를 금속으로 제작해 무게감을 주었기 때문에, 들어 올리기단 하면 바로 빠지게 만들어져 있다. 이 단순한 아이디어가 기존의 도크에 혁신을 주었다는 평가를 받고 있다. 모두가 느낄 수 있는 불편을 해결했다는 평가이다.

> "If you have tried using docks for your iPhone, you have probably felt our frustration: Undocking is difficult, many aren't designed to work with cases, they are lightweight, and are generally made as a cheap afterthought accessory.'

> "여러분이 아이폰 도크를 사용했을 때 불편이 컸을 겁니다. 분리가 매우 어렵고 사용하려면 아이폰 케이스에서 분리해야 하지요. 도크들은 가볍고 저렴한 아이폰 엑세서리로만 제작됐던 겁니다."

기존에 제작된 도크들은 가볍게 만들어져 있어 도크에 장착하면 아이폰과 같이 붙어있게 되어서 분리하려면 양손을 사용해야 한다는 불편함을 지적하고 있다. 이 제품은 140만 달러 이상의 모금을 기록하면서 가장 성공한 킥스타터 제품 중 하나가 되었다. 명확한 문제와 확실한 해결책이 성공적인 캠페인의 기본 조건이다.

• Love Thy Nature •

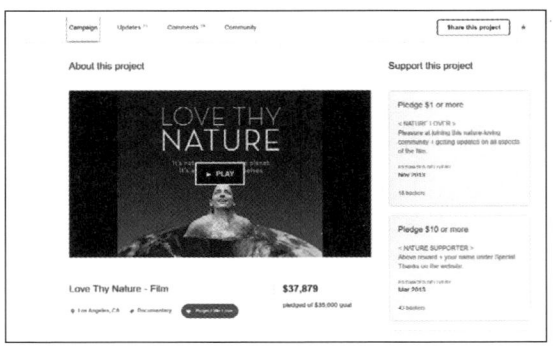

이 캠페인은 환경보호를 위한 다큐멘터리 영화 제작을 위한 제작비 모금을 목표로 한 캠페인이다. 자연을 사랑하고 자연과 소통하면 자연스럽게 환경보호도 이루어진다는 메시지이다. 이 캠페인이 지적하고자 하는 문제점은 더욱 공익적이고 고차원적이라고 볼 수 있다. 작은 문제가 아니라 환경보호라는 다소 추상적인 목적을 담고 있다.

이 캠페인은 35,000달러가 목표였는데 목표치를 넘어 37,897달러를 모았고 영화도 무난히 완성했다. 이 영화가 주목받는 이유는 비교적 적은 돈으로 그것도 크라우드펀딩에서 모은 돈으로 영화를 제작했지만, 영화의 완성도가 높아서 각종 독립영화제에서 수상하는 등 호평을 받았다는 것이다. 후원자들에게는 일정 금액을 후원하면 영화를 컴퓨터 파일로 다운로드할 수 있도록 하거나 DVD를 보내주게 되어 있었다. 하지만 후원자들이 진정으로 얻을 수 있었던 것은 작품성 높은 영화제작에 참여할 수 있었고 그것도 사회적인 이슈를 주제로 한 영화라는 것에서 오는 뿌듯함과 행복감이었을 것이다.

"We need to fall in love in nature. What we fall in love with,
we protect. When we fall in love, we transform.
Through loving and protecting nature, we can heal
ourselves and ensure a future for our children.
We know that this film can make a huge difference
in our world!"

"우리는 자연을 사랑해야 합니다. 사랑하는 상대는 보호하게 됩니다.
사랑에 빠지면 변하게 마련입니다. 자연을 사랑하고 보호하면서
우리는 자신을 힐링하고 우리 아이들의 미래를 확신하게 됩니다.
이 영화는 우리가 사는 세상을 크게 변화시킬 것입니다."

부드럽지만 강한 메시지로 이 캠페인의 목적을 설명하고 있다. 사실 캠페인으로 인해 모금한 돈도 그렇지만 더욱 중요한 것은 만들려고 하는 영화의 의의와 그 목표에 대해 공감하는 많은 사람을 만날 수 있었다는데 더 큰 의미가 있다고 할 수 있다.

나의 캠페인이 사람들의 관심을 끌 수 있을까?

킥스타터의 또 다른 키워드는 아마도 '사람들의 관심'일 것이다. 킥스타터 캠페인의 기획 단계에서부터 어떻게 하면 좀 더 많은 사람의 관심을 끌 수 있는 캠페인을 만들까 고민해야 한다. 제품과 더불어 결국 특별한 나만의 이야기가 필요하다. 사람들을 사로잡을 수 있는 특별한 이야기, 킥스타터를 바라보고 있는 후원자들과 소통하고 그들의 마음을 사로잡을 수 있는 이야기를 말한다.

가능하면 이 세상에 처음 소개되는 것이면 더욱 좋다. 결국은 세상의 누군가가 관심을 보일 것이지만 다수의 관심을 끌어내서 나의 캠페인에 열광하게 만들 수 있어야 한다. 킥스타터의 후원자들이 모이는 커뮤니티에서 열광할 수 있는 캠페인이 목적일 것이다. 그래서 캠페인 기획자의 끝없는 고민과 고뇌가 필요하다. 사전에 많은 조사와 연구를 통해서 구상 중인 캠페인의 검증과정이 필요하다. 많은 사람의 관심을 받아야만 캠페인이 성공할 수 있다. 캠페인을 구상하고 준비하다 보면 본인의 의견과 감정이 이입된다. 자신의 열정과 혼이 들어간 캠페인을 만드는 것도 중요하지만, 객관성을 가지고 다른 사람들이 공감할 수 있는 캠페인을 만드는 것이 더 중요하다. 나의 캠페인에 사람들이 관심을 보이는 것을 넘어 후원으로 이어지게 하는 것이 킥스타터 캠페인의 게임의 법칙이다.

캠페인을 제대로 끝낼 수 있을까?

아이템 기획도 중요하지만 가장 중요한 건 캠페인을 무사히 끝내는 것이다. 캠페인에 몰두해 목표 금액 달성을 위한 활동에 집중하다가 놓치기 쉬운 게 바로 순조로운 마무리이다. 많은 금액을 도으고 나서도 실패하는 캠페인이 많다. 제대로 만들어 배송까지 마치는 것이 중요하다. 생산과 배송에 실패하면 사업이 회생불능이 될 수도 있다. 따라서 애초에 기획할 때부터 제품의 양산은 물론 정확한 배송, 그리고 고객서비스까지 생각해야 한다. 궁극적으로 사업의 목적은 킥스타터 펀딩이 아니기 때문이다. 킥스타터를 통해 시장에 소개되고 이를 통해 유통이나 판매로 연결되는 것으로 생각해야 한다. 킥스타터 캠페인의 기획을 위해서 다음과 같은 점을 고려해야 한다.

- 제품의 컨셉은 좋지만, 기술적으로 가능한 것인가?
- 생산단가와 생산기일을 맞출 수 있는가?
- 양산을 위한 최소수량, 즉 MOQ(Minimum Order Quantity)는?
- 다른 이의 특허를 해치지는 않는가?
- 배송 단가는 얼마나 되는가?

가장 좋은 건 기획단계와 시제품 제작 단계부터 생산 또는 양산을 고려해 캠페인의 전 과정을 염두에 두는 것이다. 그렇지 않고 후원만을 생각해 캠페인을 진행하면 캠페인 내내 올라오는 질문과 우려는 물론 킥스타터 종료 후 비록 목표 금액을 달성했다 하더라도 제품을 구현하고 생산을 거쳐 배송하는 데까지 많은 어려움에 직면할 것이다.

캠페인 기획의 기본요건

킥스타터 캠페인의 기획은 종합예술이다. 소수의 팀이 많은 내용을 고려해야 한다. 기획단계에서 최소한 다음의 요건들을 생각해 보자.

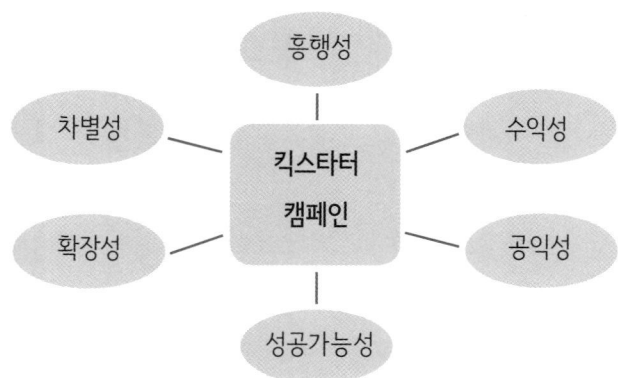

- 차별성 : 캠페인이 가지고 있는 독창성
- 흥행성 : 캠페인이 성공하기 위해서는 많은 수의 후원이 필수
- 수익성 : 캠페인에서 보장되는 수익과 손실
- 공익성 : 캠페인이 가지고 있는 사회 공익적인 요소
- 성공 가능성 : 캠페인에서 약속한 것을 제작하여 전달할 수 있는가?
- 확장성 : 캠페인을 통해 더욱 큰 비즈니스로 확장될 수 있을까?

2. 시제품 제작

완성도 높은 시제품^{Prototype}이 킥스타터 캠페인의 성공 확률을 높인다. 하드웨어의 경우 시제품 제작은 필수적이다. 킥스타터 운영진은 기본적으로 '작동하는 시제품$^{Working Prototype}$'을 원한다. 향후 제품을 양산하여 후원자들에게 전달할 최종제품과 거의 같은 모양을 가지고 있으며 캠페인에서 설명한 기술적인 기능들이 작동하는 것을 보여줘야 한다. 단순한 렌더링이나 사진으로는 킥스타터 심사를 통과할 수 없다. 킥스타커는 시제품의 성능이 완전히 확인될 때까지 지속해서 동영상이나 자료를 요청한다.

또한, 킥스타커를 위한 동영상을 제작할 때도 사실적인 동영상을 위해서 시제품은 필수적이어서 공연 또는 게임을 위한 캠페인은 기획안이나 내용을 설명하는 동영상으로 캠페인이 가능하지만, 하드웨어는 시제품을 가지고 있어야 캠페인이 가능하다. 따라서 아이디어를 어느 정도 제품화시키고 기능을 나타내 볼 수 있는 완성도 높은 시제품을 만들어야 한다.

킥스타터 운영진이 제시하고 있는 시제품 규정은 다음과 같다.

> *If your project will involve manufacturing gadgets or
> other products, we ask that you show as much as you can
> about how you're going to do that, including things
> like a production plan, an estimated schedule,
> and any other details you can provide for backers.
> Projects that involve the development of physical products
> must feature explicit demos of working prototypes.
> While you can run a project focused on the creation
> of a prototype, you can't offer the product that is
> under development as a reward.*

제품 제조와 관련이 있다면 제품 개발계획, 관련 스케줄 등 후원자들에게 세부적인 내용을 공개해야 한다. 실제 제품 개발의 경우 실제 작동하는 시제품이 작동한다는 것을 보여주어야 한다. 현재 시제품을 만들고 있다면 개발 중인 제품을 보상품으로 제공할 수 없다.

캠페인을 위한 준비가 아니더라도 시제품을 만드는 것이 어쩌면 하드웨어 사업의 시작일 것이다. 시제품 제작은 창의적인 아이디어를 실현하는 과정의 첫 단추를 끼우는 것이다. 나의 아이디어에 대한 기능적인 검증이 최우선의 목적이다. 하지만 킥스타터 캠페인을 위한 시제품은 약간 경우가 다르다. 사실 킥스타터에 소개된 시제품을 가지고 동영상을 제작하고 최종적으로 배송까지 하게 되기 때문에 가능한 완제품에 가까운 디자인과 기능도 완벽한 수준에 달해야 한다. 따라서 컨셉을 증명하는 수준의 초기 단계의 시제품에서 진일보된 완제품에 가까운 완성도가 높은 시제품이 필요하다.

이미 시제품이 있는 업체도 킥스타터를 위해서 시제품을 새로 제작해야 한다. 캠페인을 위한 시제품은 디자인에 많은 신경을 쓸 텐데 결국에는 양산을 염두에 둔 시제품이어야 한다. 디자인에 공들이는 것은 좋지만, 양산을 고려하지 않은 복잡한 디자인의 제품은 생산단계에서 종종 문제를 일으킨다. 그래서 시제품 제작 이전 개발 단계부터 가능하면 생산이나 양산 경험이 있는 전문가의 도움을 받는 것이 좋다. 캠페인을 기획하는 창업자들은 대부분 제품 생산 경험이 없다. 이 경우 킥스타터 캠페인은 성공했지만, 나중에 생산할 때가 오면 생산공정에서 심각한 문제가 생길 수 있다.

킥스타터는 시제품 기준이 명확하다. 이론과 사진, 그래프만으로는 부족하다는 것이다. 그리고 최근 들어 이런 기준이 강화되고 있다. 킥스타터 초기에는 컨셉과 아이디어 기획안만으로도 펀딩이 가능했지만, 이제는 여러 부작용으로 하드웨어 시제품 규정이 강화되었다.

KICKSTARTER

3. 제품의 기능 : 버리기

가능하면 제품의 기능은 단순하고 한 가지 중요한 문제를 해결하는 것이 좋다. 즉 단순한 결과물을 제공하는 제품이 킥스타터 캠페인에 성공할 가능성이 높다. 보통 한두 개의 문장으로 설명할 수 있고 짧은 설명에도 바로 제품의 주요 기능을 알 수 있어야 한다. 가장 흔하게 접하는 실수 중 하나가 바로 제품에 여러 가지 기능을 장착하려는 시도인데 그렇게 되면 제품에 대한 설명도 힘들고 제품의 제조가격 상승의 요인이 되기도 한다. 가장 확실한 문제 하나만을 해결하는 제품이면 좋고 특히 발명자가 평소에 느끼던 문제 또는 불편함을 해결한다면 제품의 배경 스토리 또한 자연스럽게 표현될 수 있을 것이다. 킥스타터와 함께 보상형 크라우드펀딩 플랫폼인 인디고고^{Inciegogo}에서 '카나리아^{Canary}'라는 가정용 보안 장비를 론칭해 1.9백만 달러의 펀딩에 성공했던 아담 새이거^{Adam Sager}는 크라우드펀딩의 제품과 관련해 다음과 같이 역설하고 있다.

"Your responsibility is to produce a solution to a problem.
You need to be able to tell people right away how the product
is going to solve a problem that they have."

"당신의 의무는 문제에 대한 해결책을 만들어 내는 것이다.
당신은 당신의 제품이 사람들이 가진 문제를 어떻게 해결하고
있는지를 바로 말할 수 있어야 한다."

- 아담 새이거 -

개발자 입장에서는 좀 더 다양한 기능을 넣은 첨단 제품을 기대할 것이다. 그렇지만 킥스타터 캠페인을 위해서는 단순화가 필요하다. 즉 생각하고 있는 기능 중에 일부를 버려야 할 상황이 생길 수 있다는 것이다. 버리기는 추가하기보다 더 어려울 수 있다. 하지만 제품은 목적이 명확해야 하고 설명은 빠르고 효과적이어야 한다. 그런 캠페인이 되어야 한다는 점에서 기능을 간소화하고 한가지 문제와 그를 해결하는 명쾌한 솔루션에 집중해야 한다. 어쩌면 이것이 킥스타터 캠페인의 성공에 있어서 최우선의 덕목일지도 모른다.

4. 전체 캠페인의 마스터 플랜 짜기

킥스타터 일정은 준비부터 킥스타터 론칭 및 마무리까지 약 6개월이 걸린다. 사전준비는 오래 할수록 좋은데, 최소한 3개월은 필수다. 제품만 있으면 당장에라도 캠페인을 시작할 수 있다고 생각하는데 물론 원칙적으로는 가능하나 그렇게 되면 성공 확률은 매우 낮아진다.

▶ Month 1
- 킥스타터 기획 및 컨셉 잡기
- 시제품 Working Prototype 제작 및 완성
- 캠페인의 스토리, 정의 및 명칭
- 시장조사 Target Audience
- 캠페인 전체 스케줄 수립
- 각종 SNS 계정 등록 Facebook, Twitter, Instagram, Google
- 행사 참가 일정 및 등록 (CES, MWC 등 컨퍼런스)

▶ Month 2
- 웹사이트 론칭 (캠페인용)
- 동영상 제작 (티저와 제품 소개)
- SNS 페이지 디자인 및 론칭 (조기에 다수의 팔로워 확보)
- 테크 미디어(5대 미디어)의 컨택 확보
- 각종 콘텐츠 제작 (공식, 비공식)
- 블로거 / 파워블로거 리스트
- 후원자 커뮤니티 Backer Community 등록
- 현지 마케팅팀 구성

▶ Month 3
- 킥스타터 페이지 작업 Landing Page : 구성, 디자인, 내용 등
- 킥스타터 론칭 행정적인 준비 (법인, 은행 계좌, 크리에이터)
- 킥스타터 카테고리, 리워드, 배송 일자 등 주요 내용 확정
- 현지 배송, 세금 등 세부적인 내용 확인
- 킥스타터 등록 신청 및 심사 통과
- 현지 베이스 캠프 구성 (단기 킥스타터 체제로 전환)
- 각종 마케팅 인프라(SNS 포함) 확정
- 이메일 마케팅 준비 완료 (메일 침프 Mailchimp 계정)
- 현지 마케팅 파트너 확정
- 현지 PR 파트너 확정

▶ Month 4
- 킥스타터 캠페인 론칭
- 48시간 이내에 30% 달성 작업
- 론칭시 현지 언론 보도(보도 자료 및 언론 공식발표 Press Release)
- SNS 마케팅 개시 (직·간접적인 다양한 포스팅 개시)
- 각종 미디어 광고 개시 (SNS 광고포함)
- 개별 마케팅 (개별 네트워크 활용)
- 현지 마케팅 업체와 협업 및 프로그램 가동
- 미디어 컨택 및 뉴스 제공
- 현지 밑업 등 각종 행사 등록 참여 (가능한 피칭)
- 현지에서 콘텐츠 제작 (동영상, 인터뷰, 블로거 미팅 등)
- 한국 내 언론보도 및 마케팅
- 고객/후원자 대응팀 가동 (영어권자 포함)
- 캠페인 관리 시스템 가동 (킥트랙, SNS 방문자 관리, 후원 동향 등)

▶ Month 5
- 집중적인 킥스타터 마케팅 진행
- 현지 콘텐츠 제작
- SNS 포스팅 시스템 수립 (정례화)
- 관련 뉴스 및 언론 발표 자료 제공
- 지속적인 캠페인 관리
- 킥스타터에 도움 요청 (Badges for Project We Love)
- 주별 캠페인 동향확인 및 콘텐츠, 컨셉 변경 및 업데이트
- 현지 후원자 및 고객의 질문 및 요구사항 실시간 대응 (대응팀)

- 현지 미팅 Meet Up, 파워블로거 미팅, 미디어 미팅, 인터뷰 등 실시

▶ Month 6
    - 캠페인 종료에 따른 집중적인 마케팅
    - 목표달성 프로모션 Stretch Goal Promotion
    - 캠페인 마무리
    - 최종 캠페인 종료 관련 의사결정 Go or No-go
    - 제조/양산/배송 계획 수립
    - 후원자들 다 한 감사의 메시지, 향후 계획
    - 캠페인 성공 시 종료와 관련된 보도 자료
    - 현지 베이스 캠프 철수

킥스타터 캠페인의 6개월의 여정은 그야말로 피를 말리는 시간이 될 것이다. 특히 캠페인 내내 숫자를 들여다보고 있으면서 실시간으로 이것저것 크고 작은 결정을 내려야 하고 잠재적인 고객과 후원자들의 질문과 요청에 대응해야 한다. 운이 좋으면 현지 미디어들과 활발히 미팅하고 인터뷰도 응해야 한다. 무엇보다도 준비가 철저히 된다면 캠페인에서 좋은 결과를 거둘 확률이 높다. 킥스타터는 제품만 있다고 되는 것은 절대 아니다. 치밀한 계획과 준비, 사전 조사가 필요하고 현지에서 실시간으로 활발하게 대응해야 한다.

CROWDFUNDING KICKSTARTER

4장
사전 마케팅

KICKSTARTER

1. 사전 마케팅이 왜 중요한가

킥스타터 캠페인을 시제품만 준비되어 있다고 덜컥 시작한다면 실패할 확률이 높다. 예정된 캠페인을 알리는 활동은 물론 캠페인을 론칭하기 전에 여러 가지 마케팅과 관련된 내용을 준비하여 캠페인이 론칭되면 전면적인 마케팅 활동을 할 수 있도록 해야 한다. 길게는 6개월 짧게는 3개월 정도의 사전 마케팅은 필수인데 사전에 여러 채널을 통해서 '정해진 날짜에 킥스타터 캠페인을 한다'고 알리는 활동이다. 그렇지만 단순히 알리는 데서 끝나지 않고 캠페인 론칭 이후 각종 마케팅 채널을 통해서 가능한 모든 마케팅과 PR을 할 수 있는 인프라 또는 시스템을 구축하는 작업이 바로 사전 마케팅이다.

먼저 킥스타터 캠페인의 마케팅을 위해서 어떤 마케팅 채널이 있는지 알아야 한다. 사실상 캠페인이 시작되면 모든 화력을 동원해서 전력을 다해 캠페인을 알리고 후원을 끌어내는 활동을 하게 된다. 따라서 사전 마케팅 기간을 통해서 향후 시작될 캠페인에서 가동될 여러 가지 마케팅 사이트와 콘텐츠들을 사전 점검하고 준비시키게 된다. 또한, 이 기간에 구축된 채널을 이용해서 예정된 캠페인을 알리고 홍보하면서 사람들이 캠페인에 대한 궁금증을 가지고 기대하도록 하여 캠페인이 시작되면 바르 관심과 후원이 이어지며 여러 미디어 노출도 극대화하는 효과를 노리는 것이다.

사전 마케팅을 통해서 다음과 같은 마케팅 채널의 구축에 대한 구체적인 계획과 실행이 필수적이다. 이러한 다양한 채널의 마케팅이 유기적으로 이루어져야 캠페인에 성공할 수 있다.

이메일 마케팅	각종 SNS
테크미디어	블로그 마케팅
후원자 커뮤니티	웹사이트
동영상 플랫폼	인터뷰
마케팅 콘텐츠	PR과 광고

2. 이메일 마케팅

이메일은 가장 손쉽게 그리고 강력하게 캠페인을 알리는 방법이다. 따라서 가능한 많은 이메일 주소를 확보하는 것이 중요하다. 가족과 친구가 중심이 되는 개인적인 네트워크를 통해서 확보한 이메일 리스트도 있을 수 있고 별도의 이메일 마케팅 업체를 통해 확보한 이메일 주소도 있을 것이다. 킥스타터 캠페인을 하기로 마음먹은 순간부터는 많은 사람의 이메일 주소를 확보하고 리스트업을 해야 한다. 보유하고 있는 이메일 리스트를 분류할 때 분류기준은 철저하게 킥스타터의 후원과 관련된 기준을 따라야 한다. 즉, 그 인물의 성향이나 현재 본인과의 관계 등을 고려하여 캠페인이 론칭되면 꼭 후원해줄 그룹을 필두로 해서 후원의 가능성에 따라 냉정하게 분류해 놓아야 한다. 그리고 그 판단은 자신이 할 수밖에 없다. 물론 분류에 따라 이메일의 내용도 달라진다.

이메일 마케팅을 해야 하는 데 개인적으로 확보한 이메일 리스트가 부족할 수도 있다. 이때 이메일 마케팅 업체로부터 이메일 리스트를 살 수도 있고 업체에 이메일 마케팅의 대행을 맡길 수도 있다. 이메일 주소를 확보하는데 가장 효과적인 방법은 웹사이트를 통한 방법인데, 개설된 회사 웹사이트나 제품 웹사이트에 등록 페이지를 만들어 이메일을 확보하는 방법이다. 웹사이트와 소셜 미디어를 이용해서 이메일 주소를 확브하고 이를 마케팅에 사용하는 서비스들이 있는데, 사전마케팅 기간에 이러한 서비스에 등록하여 캠페인을 전후해 본격적인 이메일 마케팅을 준비해야 한다.

● **SumoMe (www. sumome.com)** ●

웹사이트의 콘텐츠를 소셜 미디어에 쉽게 공유하여 웹 트래픽을 모으거나, 이메일 뉴스레터 신청자를 접수하여 이메일 리스트를 모으는 이메일 마케팅 솔르션이다. 수모미 SumoMe 플러그인을 설치해서 이메일 주소를 확보할 수 있다.

SumoMe 플러그인 이메일 등록 페이지

제4장 사전 마케팅

● Mailchimp (www. mailchimp.com) ●

온라인 이메일 발송 및 분석, 관리를 위한 통합솔루션이다. 특히 뉴스레터를 대량으로 보내는 데 매우 효과적이며 개별적으로 매일 발송되기 때문에 스팸으로 처리될 확률이 낮다. 현재 가장 주목받는 이메일 마케팅 서비스로 사용방법도 비교적 쉽다. 이외에 센드그리드 Sendgrid나 메일건Mailgun과 같은 솔루션도 있다.

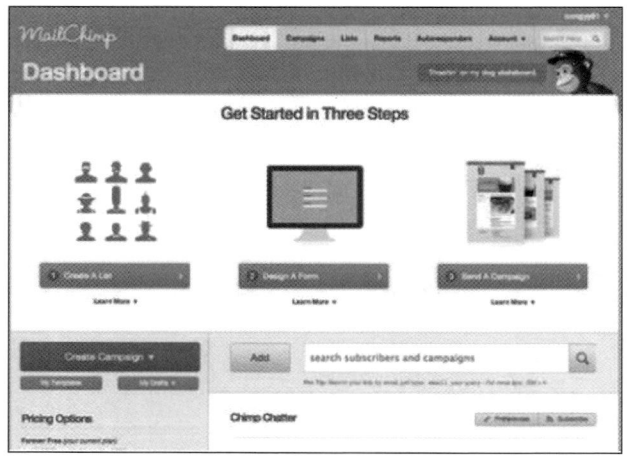

메일침프의 이메일 관리를 위한 대시보드

❋ **이메일 마케팅을 위한 몇 가지 팁들** ·······················

- 이메일 리스트를 수집할 때 동의를 받을 것
- 이메일 수집 시 꼭 필요한 내용만 확보한다
- 캠페인 관련 뉴스, 개발상황을 주기적으로 업데이트한다
- 이메일 제목은 흥미로워야 한다
- 너무 자주 또는 장구한 이메일은 삼간다
- 수신 거부도 간편하게 할 수 있게 한다
- 가능한 구어체로 개인적인 메시지 형태로 사용한다

3. SNS 마케팅

SNS^{Social Network Service}는 사실상 킥스타터의 성패의 승부처라고 볼 수 있다. 크라우드펀딩을 '소셜 펀딩^{Social Funding}'으로 부를 만큼 소셜 미디어를 통한 마케팅은 매우 중요하다. 그래서 각종 콘텐츠의 포스팅을 통한 마케팅은 물론 광고집행까지 다양한 테크닉과 방법을 통해 소셜 미디어에서 관심, 아니 돌풍을 일으켜야 한다. 소셜 미디어는 가장 쉽고 저렴한 마케팅의 방법인 동시에 가장 어려운 마케팅 기법이기도 하다.

여러 SNS 플랫폼이 있지만, 킥스타터에서 가장 중요한 플랫폼은 페이스북, 트위터, 인스타그램이다.

facebook

페이스북은 킥스타터에 있어서 가장 강력하고 효과적인 소셜 미디어 플랫폼이다. 웬만한 킥스타터 캠페인의 경우 30% 이상의 후원이 페이스북을 통해서 들어 온다고 알려져 있다. 그만큼 페이스북의 영향력은 지대하다. 그도 그럴 것이 전 세계에 17억 명 이상의 회원을 가지고 있다는 사실 자체만으로도 가장 많이 신경을 써야 할 소셜 미디어가 바로 페이스북이다.

페이스북과 관련된 통계를 보면 그 영향력을 알 수 있다. 사전마케팅 기간에 페이스북에 가입하고 페이스북의 비즈니스 페이지를 만들고 광고를 위한 등록을 마쳐서 캠페인이 시작되면 곧바로 본격적인 마케팅을 진행할 수 있는 시스템을 갖추어야 한다. 그리고 페이스북 페이지가 완성되면 일단 팔로워 또는 친구 수를 늘리고 확산하여 캠페인 시작 전에 가능한 다수의 친구, 팔로워, 팬을 확보하는 것이 좋다. 또한, 캠페인을 위한 제품의 웹사이트와 페이스북 페이지를 연동하고 초기에는 페이스북을 통해서 캠페인의 웹사이트의 트래픽을 높이는 광고를 실행해 가능한 사전에 예고된 캠페인과 제품 등에 대해 많은 사람에게 알리는 것이 중요하다.

궁극적으로는 페이스북을 통해 팬덤을 형성하고 사람들이 페이스북을 통해 각종 콘텐츠를 포스팅하고 공유하면서 자발적으로 확산하는 것을 목표로 한다. 페이스북 페이지는 단순하고 직관적으로 만들어 자유로이 포스팅하고 공유할 수 있도록 간편하고 쉽게 구성한다.

- 전 세계 17억 명의 회원을 보유
- 매일 11.3억 명의 Active User가 접속함
- 전 세계 15.7억 명의 모바일 유저
- 매일 360억 개의 콘텐츠와 코멘트가 포스팅됨
- 매일 46억 개의 'like'가 포스팅됨
- 매일 3억 개의 사진이 포스팅됨
- 회원의 30%가 25~34세

Bagel Labs의 페이스북 페이지

제4장 사전 마케팅

트위터는 140자 이내로 글을 올리는 미디어로 페이스북보다는 더욱 직관적이고 실시간으로 정보가 공유된다. 트위터는 전 세계 약 10억 명의 회원을 가지고 있고 실시간 소식을 전하는 소셜 미디어 플랫폼이다. 실시간으로 현장에서 각종 소식을 가장 빠르게 콘텐츠를 확산시킬 수 있다. 페이스북과 함께 트위터 또한 강력한 소셜 미디어 마케팅 수단이라고 볼 수 있다. 물론 많은 팔로워를 확보하는 것이 좋지만, 트위터에서는 친구나 팔로워가 아니더라도 콘텐츠를 포스팅하면 불특정 다수에게 전달될 수 있다. 즉 누구에게나 모든 포스팅을 검색되도록 할 수 있다. 그래서 트위터는 그 확장성 측면에서는 페이스북보다 빠르게 많은 사람에게 전달할 수 있다. 즉 트위터에서는 페이스북에서 만날 수 없는 사람들에게도 캠페인을 알릴 수 있다는 것이다.

트위터를 통해 캠페인을 효과적으로 확산시키기 위해서는 다른 이들이 포스팅을 팔로우하고 리트윗하는 활동을 해야 한다. 따라서 캠페인이 예정된 제품이나 서비스를 위해서 관련 분야의 전문가이거나 수많은 팔로워를 확보한 사람에 대해서는 지속적인 관리가 필요하다. 즉 그들의 포스팅에 관심을 두고 코멘트를 하거나 그들의 트윗을 다시 리트윗하는 활동이 중요하다. 트위터에서 운영하는 "트위터 고급 검색 Twitter Advanced Search" 기능을 잘 이용하기 위해서는 캠페인과 관련된 각종 키워드, 코멘트, 해시태그 등 가능한 캠페인과 관련된 단어나 키워드가 많을수록 좋다. 트위터는 발생하는 정보나 사건 등의 콘텐츠를 실시간으로 퍼뜨리는데 좋은 소셜 미디어로, 마케팅 플랫

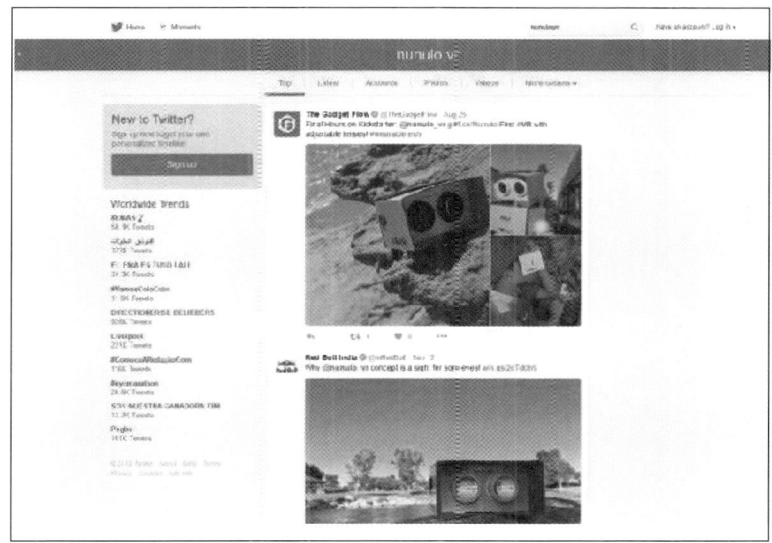

누누로 VR의 트위터 페이지

폼으로 널리 사용되지만, 노출이나 빈도 등 후원으로 이어질 확률은 페이스북보다는 다소 떨어진다. 하지만 실시간 관심도를 높이는 데는 매우 효과적이다.

캠페인 론칭 전에 가능하면 트위터 계정을 열고 지속적인 활동을 해서 팔로워 확보는 물론 관련 업계의 종사자들 그리고 킥스타터 후원자들의 포스팅을 적극적으로 트윗해서 트위터 내의 네트워크를 활성화해야 한다. 캠페인 이전에 트위터상에서 어느 정도 인지도를 가지고 자리를 잡고 있어야 한다는 뜻이다.

Instagram

전 세계 3억 명의 사용자를 가진 인스타그램은 월 300만 개 이상의 이미지가 공유되고 하루에만 약 7천만 장의 사진이 생성되고 있다. 짧은 영상과 사진을 올리는 단순한 소셜 미디어에 젊은이들이 열광하고 있으며 가장 빨리 퍼지고 있는 SNS 플랫폼이다. 인스타그램에서의 마케팅 성공 요인은 창의적인 사진이나 동영상을 올려서 관심을 끄는 것이다. 거기에 재미 요소를 넣고 마케팅 콘텐츠를 녹여내야 한다. 따라서 인스타그램은 일상적인 콘텐츠를 통해서 킥스타터 캠페인을 알려야 하는 것이다. 인스타그램은 제품이나 서비스뿐만 아니라 캠페인이 가지고 있는 이상과 문화를 보여주기에 적합한 플랫폼인데 주로 비주얼 콘텐츠가 사용되는 것이다. 다른 어떤 소셜 미디어보다 시각적인 효과가 크다.

철저하게 모바일 위주의 사진 및 동영상 중심의 소셜 미디어인 인스타그램은, 캠페인의 인지도를 높이고 캠페인의 스토리 홍보와 각종 소식 그리고 캠페인 커뮤니티와의 연결 등에 활용할 수 있는 소셜 미디어이다. 일상적인 사진과 동영상을 편하게 포스팅하는 곳이니만큼 너무 광고와 홍보의 인상을 주면 역효과가 생길 수 있다. 가능하면 재미있고 창의적인 콘텐츠로 사람들의 관심과 댓글을 끌어내고 커뮤니티를 형성할 수 있도록 해야 한다.

Looper의 킥스타터 진행 중 포스팅

제4장 사전 마케팅

4. 미디어 마케팅

http://cnet.com

본사 : San Francisco
설립년도 : 1994
Facebook Follower : 2,330,575
Twitter Follower : 1,263,533
Instagram Follower : 227,000
Youtube Follower : 1,237,680

씨넷은 월 접속 수가 4천만 뷰를 넘어 미국 내 테크미디어 중 접속 수가 가장 많고 가장 영향력 있다. 미디어들이 인용하기도 해서 씨넷에 기사화되면 캠페인에 미치는 효과가 크다. 캠페인에 가장 효과적인 테크미디어로, 특히 동영상과 인터뷰가 전문이며 냉정한 제품리뷰로 정평이 나 있다.

Cnet의 제품 리뷰 페이지

Cnet의 제품 리뷰 인포그래픽

www.theverge.com

```
본사 : New York City
설립년도 : 2011
Facebook Follower : 2,433,923
Twitter Follower : 1,468,738
Instagram Follower : 537,000
Youtube Follower : 1,233,482
```

더 버지The Verge는 전자제품과 기기의 리뷰로 유명한 테크미디어로, 페이스북에서 더 버지의 기사와 동영상은 가장 많이 공유된다. 페이스북에서 가장 영향력이 큰 미디어 중 하나이며 트위터 역시 미디어로는 가장 많은 해시태그를 기록하고 있다.

제품의 리뷰 란에는 점수제를 채택해서 10.0 만점에 제품의 평가점수를 명시하고 있으며 점수에 대한 이해를 위해서 왜 이 점수를 받게 되었는지 별도 설명을 달아 놓았다. 리뷰를 받는 자체만으로도 이슈가 된다. 더 버지는 사실상 IT 제품 제조 업체의 창업자들이 리뷰에 가장 많은 신경을 쓰는 미디어이며 가장 심도 있는 평가를 한다고 알려진 권위 있는 테크미디어이다.

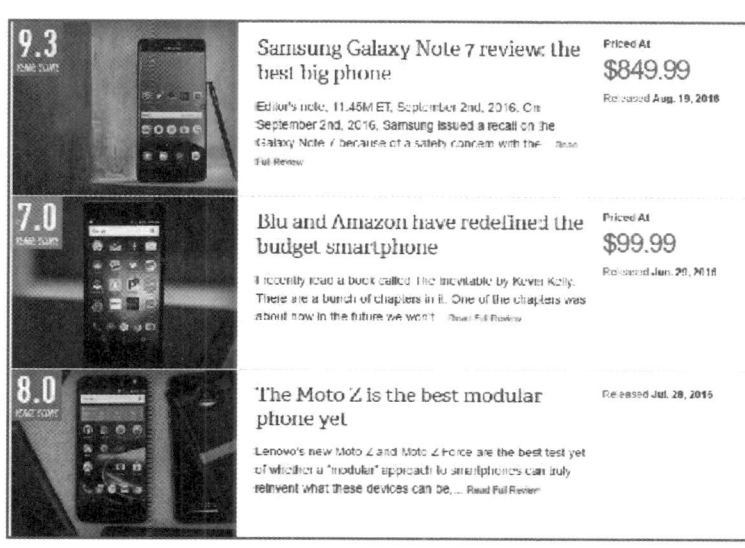

점수를 부여하는 더 버지의 제품리뷰

TechCrunch

본사 : San Francisco
설립년도 : 2005
Facebook Follower : 2,363,016
Twitter Follower : 7,623,854
Instagram Follower : 420,000
Youtube Follower : 226,673

미국 최대의 IT 온라인 매체로 매년 열리는 스타트업 컨퍼런스인 테크크런치 디스럽트TechCrunch Disrupt를 샌프란시스코에서 개최하고 있다.

제4장 사전 마케팅 103

스타트업과 관련된 뉴스를 주로 전달하고 있으며 킥스타터와 인디고고 등의 크라우드펀딩 소식을 가장 많이 접할 수 있다. 킥스타터 캠페인에 영향력이 매우 큰 미디어로 수많은 크라우드펀딩 캠페인이 테크크런치에 기사를 올리고 싶어 하지만 기사 선정과 편집에 까다롭기로 정평이 나 있다.

편집자Editor의 권한이 막강하고 독립성이 강해서 편집자의 기호와 관심에 어필하는 캠페인과 제품만이 기사화될 수 있다. 따라서 일찍부터 테크크런치의 편집자 또는 편집위원들과 기회가 된다면 어떤 형태든 관계를 수립하는 것이 좋다. 그렇게 하기 위해서는 각종 행사는 물론 온・오프라인에서 그들과의 접점을 찾고 캠페인과 상관없이 관계 자체를 꾸준히 관리해 나가야 한다.

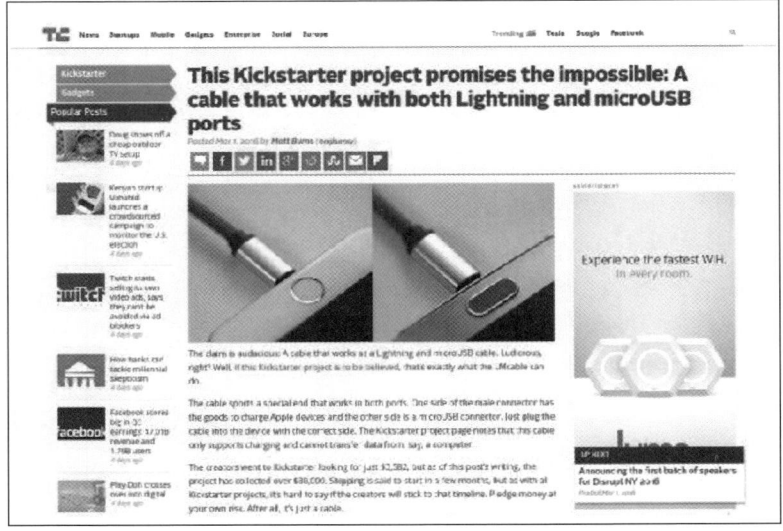

테크크런치에 게재된 킥스타터 캠페인 기사

Mashable
All That's New on the Web

> 본사 : New York City
> 설립년도 : 2005
> Facebook Follower : 3,739,057
> Twitter Follower : 7,795,826
> Instagram Follower : 375,000
> Youtube Follower : 304,264

IT뿐만 아니라 패션, 엔터테인먼트는 물론 정치, 사회적인 이슈까지 기사화하는 종합 뉴스 미디어이다. 편집자의 의도보다는 구독자의 관심과 조회 횟수로 운영되는 블로그 성격이 강하며 제품의 심층분석 또는 비교 분석 등 다양한 형태의 뉴스를 제공한다.

> 본사 : San Francisco
> 설립년도 : 1993
> Facebook Follower : 2,156,203
> Twitter Follower : 6,972,911
> Instagram Follower : 443,000
> Youtube Follower : 602,949

제4장 사전 마케팅   105

와이어드Wired는 애초 기술 관련 월간잡지로 시작했는데 지금은 온라인 미디어로 자리 잡았다. IT는 물론 문화, 경제, 정치에 대한 다양한 기사와 칼럼을 소개하고 있다. 고소득층 IT 산업 전문 종사자가 가장 많이 읽는 테크미디어로 알려져 영향력도 높으며 기사의 내용과 논조는 다소 무겁게 느껴질 수 있다.

✱ **테크미디어 : 사전마케팅 팁** ⋯⋯⋯⋯⋯⋯⋯⋯⋯⋯⋯
- 테크미디어의 편집인Editor을 찾아라
- 그리고 그들과 소통하라. 일단 SNS를 통해서
- 편집인들의 SNS 계정에 친구 맺기, 좋아요, 해시태그 등을 날려라
- 편집인들의 포스팅에 영혼 있는 코멘트를 달아라
- 편집인들과 가능한 호감의 관계를 맺어라
- 평소에 인간적인 관계를 맺을 수 있도록 자주 소통하라
- 편집인Editor들과 네트워크를 형성할 것

KICKSTARTER
5. 기타 마케팅

동영상 공유 사이트 Video-sharing Sites

캠페인을 진행하면서 촬영, 편집한 동영상뿐만 아니라 인터뷰, 제품에 대한 리뷰, 제품 사용 중인 동영상, 사용방법 등 많은 동영상이 생겨난다. 이러한 동영상을 포스팅하고 설명하는 사이트를 말하는데 가능한 한 여러 사람이 동영상을 볼 수 있도록 포스팅된 동영상을 알리는 것이 중요하다. 듯밖에 많은 후원자가 동영상 사이트를 통해서 동영상을 보고 나서 캠페인 페이지에 들어온다. 다시 말하면 동영상은 킥스타터에 있어서 가장 강력하고 효과 있는 마케팅 수단으로 자리 잡았다. 동영상에 나온 콘텐츠 자체뿐만 아니라 동영상을 어떻게 확산시키느냐가 또 다른 관건이다.

공식적인 동영상부터 장난기 어린 동영상까지 동영상 플랫폼의 성격에 맞게 선택해서 포스팅하는 것이 좋다. 물론 여러 소셜 미디어를 통해서도 캠페인과 관련된 동영상을 확산시킬 수 있지만, 동영상만을 전문으로 하는 공유 사이트를 통해서 캠페인에 대한 여러 가지 동영상을 사람들이 보게 되고 궁극적으로는 캠페인의 후원까지 이어지도록 하는 데 목적이 있다.

사전 마케팅에서는 일단 많은 동영상을 확보하고 개별 동영상에 관련된 정보, 즉 키워드와 주제별로 정리해놓고 이를 통해서 웹사이트나 캠페인으로 유입될 수 있도록 해야 하는데 먼저 공유 사이트에 가입하고 캠페인이 시작되면 캠페인의 URL을 동영상과 함께 바로 포스팅해야 한다. 그리고 개별 사이트마다 파일의 사이즈는 물론 가이드라인이 다르고 업로드하는 방법 또한 다른 경우가 많아서 사전에 사이트별로 정해진 규정을 이해해야 한다. 가능하면 조금씩 예고편 격인 짧은 티저Teaser 동영상을 올려보는 것도 좋을 것이다. 물론 동영상 플랫폼의 가장 강력한 사이트는 유튜브youtube.com인데 이와 함께 다음과 같은 사이트에도 동영상을 포스팅해서 확산시켜야 한다.

- 비메오 Vimeo.com
- 구글비디오 GoogleVideo.com
- 데일리모션 Dailymotion.com

그리고 재미있게 구성된 동영상이라면 Break.com 또는 Funnyordie.com에도 포스팅해볼 수 있다.

블로그 마케팅 Blog Marketing

블로그 마케팅은 곧 파워블로거를 통한 마케팅이다. 제품군별로 많은 팔로워를 두고 있는 블로거들과 협력하여 마케팅하는 방법인데 일부 파워블로거들은 자신의 SNS 계정이나 블로그 사이트를 통해서 제품과 캠페인에 대한 의견을 올려서 캠페인을 확산시키기도 한다. 유료로 진행하기도 하고 시제품을 보내주면 자신의 의견을 올리는 것에 그치기도 한다.

때로는 엄청난 반향과 효과를 가져오기도 하는데 관건은 파워블로거를 어떻게 찾고 어떤 방식으로 협력하는가이다. 캠페인에 따라 관련된 파워블로거들을 사전에 찾아서 컨택하고 협력 마케팅이 가능한지를 확인해야 하며 미리 시제품까지 보낼 수 있으면 좋다. 그리고 캠페인이 시작됨과 동시에 계획된 마케팅이 시작되도록 한다.

후원인 커뮤니티 Backer Community

킥스타터 캠페인은 유한한 시간 내에 행해지는 것으로 단시간에 많은 후원을 끌어내는 것이 중요하다. 전 세계에 약 1,200만 명의 킥스타터 후원자Backer들이 있는데 그중에서도 상시 킥스타터 사이트에 들어와 후원하면서 적극적으로 활동하는 후원자들에게 캠페인을 알리는 것은 캠페인을 확산시키는 데 매우 효과적이다. 왜냐하면, 후원자들의 친구나 다른 후원자들에게 노출되는 가장 좋은 방법이 활동적인 후원자들에게 어필하는 것이기 때문이다.

후원자들은 때로는 서로 후원자들끼리 커뮤니티를 만들거나 이너서클을 만들어서 캠페인을 진행하는 업체나 사람들과 협상을 하기도 하며 때로는 마케팅 플랫폼이 되어 주기도 한다. 따라서 캠페인이 진행되기 전에 이러한 후원자 커뮤니티의 리스트를 확보하고 해당하는 후원자 커뮤니티에 캠페인이 노출되는 조건으로 할인된 후원금액으로 후원할 수 있도록 하기도 한다. 물론 캠페인의 후원이 계획대로 진행되지 않을 때 주로 쓰는 방법이기는 하지만 사전 마케팅 기간에 후원자 커뮤니티에 대한 여러 가지 정보를 확보해 놓아야 한다.
다음은 대표적인 킥스타터 후원인 커뮤니티이다.

- Kickstarter Superbackers
- Backer Club
- First-backer
- Backer Camp
- Backer Hub

캠페인 웹사이트

업체의 회사 웹사이트와는 별개로 킥스타터 캠페인을 위한 웹사이트이다. 제품에 대한 보다 심도 있는 설명과 그래픽 등 캠페인 페이지에서 볼 수 없는 각종 정보와 사진, 동영상 그리고 제품의 개발 배경, 스토리, 팀원들에 대한 세부적인 내용이 들어가 있다. 가능한 웹사이트는 일찍 만들어 올리는 것이 좋은데 사전 마케팅 기간에는 주로 웹사이트를 집중적으로 마케팅하도록 한다. 웹사이트 전면에 "Coming Soon! Kickstarter!"라는 문구 또는 "Kickstarter Launching! D-15!" 등의 문구를 넣어서 킥스타터 캠페인을 다시 한번 주지시키는 역할을 한다. 물론 킥스타터 캠페인 론칭 후에는 웹사이트에서 바로 킥스타터 페이지로 링크를 건다.

인터뷰

인터뷰는 각계각층에 있는 여러 인물과의 인터뷰를 말한다. 내용은 제품 자체에 대한 의견, 사용 후기, 캠페인에 대한 피드백 등으로, 캠페인이 론칭 전에 많은 인터뷰를 하고 그 내용을 확보해 놓는 것이 좋다. 특히 인터뷰 동영상, 제품 사용 후 반응 동영상, 제품을 권유하

스마트 골프화 IOFIT 팀이 킥스타터 시작 전에 사용자 인터뷰 중

는 동영상은 강력한 마케팅 자료로 쓰일 수 있다. 물론 인터뷰는 서면으로 이루어질 수도 있다. 전문가나 명망 있는 사람, 연예인들의 지지편지Letter of Endorsement나 지지하는 코멘트는 캠페인 진행 시 큰 도움이 될 수 있다. 물론 인터뷰를 마케팅을 목적으로 연출할 수도 있다. 실제 캠페인이 시작되면 여러 여건상 인터뷰 진행이 어려울 수도 있으니 사전 마케팅 기간에 많은 인터뷰를 해야 한다. 주의할 점은 이런 인터뷰를 킥스타터 마케팅의 자료로 사용할 경우 (특히 사진이나 동영상) 본인의 공식적인 승인을 받아야 하며 청소년이나 아동의 경우 부모의 동의를 받아야 한다. 이러한 동의 없이 콘텐츠를 사용했다가 소송에 휘말릴 수 있다.

마케팅 콘텐츠

아마도 다다익선이라는 말이 적합할 것이다. 킥스타터 캠페인을 위해서 사전에 많은 콘텐츠를 확보하는 것이 매우 중요하다. 킥스타터가 진행되는 4~6주간 모든 수단을 동원해서 캠페인의 마케팅을 하게 되는데 결국 마케팅의 화력은 바로 콘텐츠이다. 같은 내용과 같은 포맷의 콘텐츠는 실효성이 떨어진다. 좀 더 다양한 콘텐츠, 창의적인 콘텐츠, 놀랄만한 콘텐츠를 공급해 주어야 한다.

매일 실시간으로 콘텐츠를 올리고 사람들의 관심을 끌어내는 것은 쉬운 일이 아니다. 따라서 계속 콘텐츠를 만들고 편집하고 알리는 일이 킥스타터의 모든 것이 될 수도 있다. 따라서 가능하면 많은 콘텐츠, 그것도 사람들에게 신선한 충격을 주고 설득력 있는 콘텐츠를 확보해야 한다. 사전마케팅 기간은 콘텐츠 확보의 기간이다. 어떤 콘텐츠도 좋다. 그리고 아주 일상적인 것도 좋다. 사소한 콘텐츠에 사람들이 열광할 수도 있고 재미있다고 공유할 수도 있다.

키워드는 바로 공유다. 캠페인은 공유되는 것이 가장 바람직하다. 즉 사람들이 자발적 소문 마케팅viral marketing을 통해서 서로 알리고 공유하고 권해주면 킥스타터는 성공한다. 그러기 위해서는 그 사람들이 캠페인을 좀 더 잘 이해할 수 있도록 각종 콘텐츠를 보여줘야 한다. 밤을 새워서 개발에 열중한 후에 새벽에 잠들어 있는 개발자, 시제품에 성공해 환호하는 모습, 부서진 실험용 제품 사진, 이런 콘텐츠가 다른 이들의 마음을 움직일 수 있다. 콘텐츠 확보는 킥스타터 성공의 또 하나의 열쇠이다.

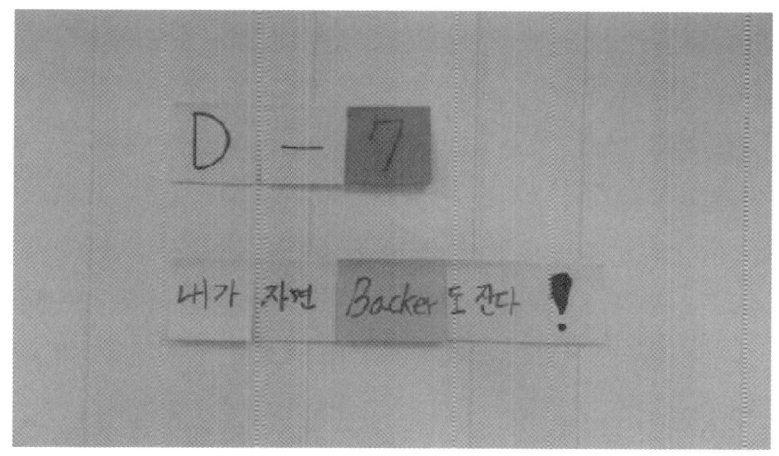

일상의 콘텐츠가 큰 반향을 일으킬 수 있다

CROWDFUNDING KICKSTARTER

5장
동영상 제작

KICKSTARTER

1. 동영상은 왜 중요한가

킥스타터 캠페인에서 가장 중요한 요소가 바로 동영상인데, 사람들이 킥스타터의 메인 페이지에서 가장 먼저 접하는 것이 캠페인 동영상이기 때문이다. 따라서 킥스타터를 준비하는 과정에서 동영상 제작은 가장 공을 들여야 하는 부분이다. 킥스타터의 운영진도 캠페인을 평가하는 과정에서 가장 비중 있게 보는 것이 동영상의 내용이다. 동영상이 잘 구성되고 그 내용을 직관적으로 이해할 수 있다면 문제가 없겠지만 만일 너무 추상적이고 내용도 이해하기 힘들다면 킥스타터 운영진으로부터 보완 또는 추가 자료를 요청받을 수도 있다.

동영상을 통해서 캠페인의 개성을 나타낼 수도 있고 높은 작품성을 추구할 수도 있을 것이다. 동영상이 중요한 이유는 캠페인에 있어서 동영상은 첫인상이기 때문이다. 하지만 중요한 사실은 2~3분 정도 분량의 동영상을 통해서 보는 이를 설득하고 최종적으로 후원까지 이루어질 수 있도록 관심을 끌어내는 것이 가장 큰 목적이라는 것이다. 따라서 동영상의 기획부터 촬영 그리고 후속 편집까지 높은 관심을 가지고 심혈을 기울여 제작해야 한다. 캠페인이 추구하는 바를 확실하게 전달하는 것을 최우선으로 두어야 한다.

동영상 제작 과정은 흔히 다음 3단계 과정으로 구분된다.

1. 사전작업 Pre-Production
2. 제작 Production
3. 후반 작업 Post-Production

KICKSTARTER

2. 사전 작업

사전에 캠페인 동영상을 기획하는 단계다. 킥스타터 캠페인의 동영상은 2분 정도, 길어도 3분 이내로 구성하는 것이 좋다. 그 이상이 되면 보는 이가 지루할 수 있다. 처음 15초가 특히 중요하다. 더 볼 것인가 말 것인가를 좌우한다. 인터넷 또는 모바일에서 2분 이상의 동영상을 시청하게 하기가 쉽지 않다. 그리고 동영상을 끝까지 보더라도 추진하고 있는 캠페인을 2분 내로 충분히 이야기하지 못하면 사실상 후원을 유도하는 데 실패할 확률이 매우 높다. 최근에는 동영상을 모바일 기기를 통해서 주로 보기 때문에 계속 볼지 안 볼지 결정하는 시간은 초기 단 몇 초에 지나지 않는다.

그렇다면 화려한 영상과 역동적인 전개가 사람들의 관심을 끌고 끝까지 영상을 볼 수 있도록 만드는가? 꼭 그렇지만은 않다. 중요한 것은 역시 스토리이다. 2분이라는 시간 동안 독특하고 일관성 있는 스토리를 만들어 메시지를 전달해야 한다. 많은 경우 무리한 스토리를 만들어내서 보는 이의 생각을 강요한다. 제일 중요한 것은 2분이라는 짧은 시간에 캠페인의 내용을 잘 녹여내서 지루하지 않은 느낌을 주어야 한다는 것이다.

사전 조사

가능하면 많은 킥스타터 동영상을 보라고 권한다. 펀딩에 성공했던 동영상은 물론 실패했던 동영상도 모니터링 해야 하고 거기서 기본적인 방향을 찾아내야 할 것이다. 특히 같은 제품군의 캠페인 동영상을 참고해야 한다. 남들의 동영상을 보면서 어떤 점이 잘 되었는지 어떻게 사람들의 감성을 자극했는지 성공비결을 생각해보면 좋을 것이다. 동영상 기획 전에 최소한 30개 이상의 동영상을 보라고 권한다.

브레인스토밍과 일관성

팀원들과의 아이디어 회의는 필수다. 서로 자유로이 의견을 제시한다. 킥스타터 캠페이너는 팀원들의 적극적인 참여가 필요하다. 동영상 제작 전에 가능한 많은 의견을 수렴하는 것은 좋다. 전체적인 기획안을 잡는 데 도움이 될 것이다. 하지만 의견수렴이 끝나견 그다음부터는 일관성을 유지해야 한다. 즉 기획 단계에서 많은 의견이 모이고 반영되어야 하는 것은 분명하지만 일단 제작단계에 들어가면 아주 중요한 변경이 아니라면 일관성 있게 진행되어야 할 것이다. 동영상을 총괄할 인물을 정해서 그의 주도로 진행해야 할 것이다. 그렇지 않으면 매우 혼란스러운 상황이 생길 수 있다. 제작 중에 이 의견, 저 의견 수렴하다 보면 결국 짜깁기 된 동영상이 나올 가능성이 높으니 기획단계에서 많은 연구와 논의를 하고 탄탄한 기획이 이루어지고 나면 한 인물을 중심으로 뚝심 있게 진행해야 한다. 그래야 일관성 있는 메시지가 담긴다.

스토리보드

동영상의 기본적인 스토리보드를 만들어보자. 영화나 광고에서 전문가들이 사용하는 방식인데 킥스타터 동영상에도 적용할 수 있다. 본인이 시각적으로 그림을 그리고 아이디어를 적어보는 것이다. 이런 스토리보드는 낙서처럼 작성되지만, 의견을 시각적으로 이해하기 쉽게 한다는 점에서 매우 효과적이다.

이 스토리보드는 동영상 제작자에게 좋은 가이드라인이 된다. 캠페인을 추진하는 사람의 의도도 알 수 있고 동영상의 전개 방향 등을 이해하게 될 것이다. 그리고 동영상 담당자가 팀원들의 의견을 수렴해 동영상의 구성을 최종적으로 정리할 기회를 얻게 할 것이다.

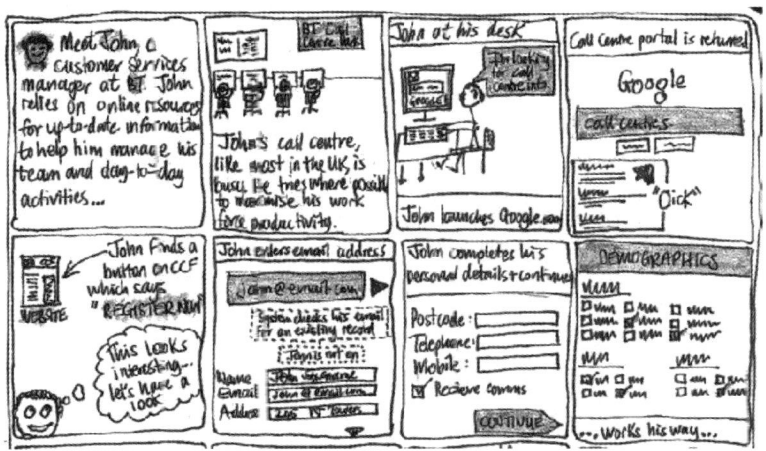

킥스타터 동영상 스토리보드

✤ 킥스타터 동영상 제작 시 포함해야 할 내용

- 당신은 누구인가?
- 이 캠페인을 하게 된 이유 즉, 스토리
- 왜 이 캠페인을 후원해야 하는가?
- 후원금으로 무얼 할 것인가
- 후원을 하면 어떤 보상이 기다리고 있는가
- 성공한다면 세상이 어떻게 달라질 것인가 - 왜 중요한가
- 감사의 메시지

KICKSTARTER

3. 동영상 제작

제작 방식

동영상 제작에 들어가기 전에 제작 방식을 정해야 한다. 물론 동영상 제작은 전문 업체를 통해서도 할 수 있지만, 자체적으로 본인이 제작할 수도 있다. 전문업체를 통해서 완성도 높은 동영상을 제작할 수도 있지만, 꼭 전문적인 동영상이 후원을 끌어낸다는 보장이 없다. 동영상 제작업체는 각자의 예산에 따라 정하고 함께 작업하기에 편한 업체를 정하는 것이 좋다. 업체마다 자금 및 인력 등 사정이 다르므로 여러 가지를 신중히 고려해 제작 업체를 선정해야 한다.

동영상 제작을 자체적으로 할 수도 있다. 때로는 자체적으로 제작한 동영상이 더 효과적으로 사람들에게 다가가기도 한다. 너무 전문적인 동영상보다는 아마추어가 찍은 동영상으로 펀딩에 성공한 경우가 있다. 본인의 스토리와 제품을 잘 설명할 수 있는 동영상을 자체 제작할 수도 있다. 최근에는 스마트폰으로 영상을 촬영해서 제작된 동영상도 킥스타터에서 사용되고 있다. 캠페인을 준비하는 당사자들이 스마트폰으로 정성스럽게 동영상을 올려서도 좋은 결과를 얻을 수 있다. 때로는 그렇게 제작된 동영상이 사람들에게 더 어필할 수도 있다. 동영상 촬영 후에는 인터넷이나 모바일에서 동영상 편집 솔루션을 찾아 사용하면 된다.

다음은 동영상 제작과 편집에 도움되는 사이트들이다.
- iMovie : www.apple.com/imovie/
- Window Movie Maker : www.window-movie-maker.com
- Animoto : https://animoto.com/
- YouTube Video Editor : https://www.youtube.com/editor

시나리오

동영상은 2~3분 정도로 짧지만, 시나리오도 필요하고 대본도 필요하다. 주로 해설자가 내용을 읽어가는 형태로 진행되지만 만일 누군가 출연하고 대화를 하거나 대사를 말한다면 캠페인의 내용을 잘 설명할 수 있는 대본이 필수다. 시나리오와 대본 작업은 가능한 전문가와 작업을 할 것을 권한다. 동영상 작업을 전문업체와 같이한다면 시나리오 작업은 업체와 협력하게 되며 전체적인 구성과 대사는 물론 출연 인물의 연기와 해설자의 읽어내리는 목소리 톤까지 세심하게 신경

써야 할 것이다. 시나리오는 제품이나 캠페인의 내용을 직관적이고 직접 설명하는 게 좋다. 그래서 초기 20~30초 이내에 캠페인의 기본 내용을 보는 이가 알아차릴 수 있어야 한다. 간혹 보는 이의 관심을 이끌기 위해 초반 상징적인 내용으로 이야기를 풀어가려는 시도가 있는데 가능한 직관적인 접근이 성공확률이 높다는 것이 일반적인 평가이다. 또한, 동영상이라는 특성상 가능하면 시각적인 내용을 강조하도록 하고 사용방법 등은 실제로 보여주거나 그래픽, 애니메이션을 넣어 이해도를 높이는 방안도 좋을 것이다. 그리고 출연하는 인물도 가능하면 우리 주변에서 흔히 볼 수 있는 친근한 인물이 동질감을 불러올 수 있다. 해설도 영어로 진행되는 만큼 영어의 원어민이나 전문가에게 맡겨야 한다.

제품 또는 캠페인의 설명과 함께 약간의 재미와 위트는 동영상의 양념이다. 하지만 동영상을 마치 시트콤 찍듯 너무 스토리에 집중하게 되면 정작 캠페인에 대한 내용이 충분하지 않을 수도 있다. 그리고 캠페인을 주도하고 있는 팀원들이나 리더가 출연하는 것은 때에 따라서는 도움이 될 수도 있는데 너무 캠페인을 강요하거나 감성에 호소하는 것은 역효과를 부를 수도 있다. 시나리오는 가능하면 몇 가지로 나누어 작성하여 고쳐나가는 것이 좋다. 시나리오 작업과 대본 작업이 매우 중요하지만 일단 한번 결정하고 나면 일관성 있게 제작해 가는 것이 좋다. 즉 제작이 시작되고 나면 너무 많은 의견수렴은 동영상 제작에 도움이 되지 않는다. 일단 완성작 초안을 만들고 의견에 따라 재편집의 과정을 거치는 것이 동영상 제작을 순조롭게 한다.

✽ 동영상 제작의 가이드라인 ●●●

- 너무 길지 않게 : 가능한 2분 정도로 3분을 넘지 않도록 한다.
- 간결하면서도 명확한 메시지 : 캠페인이나 제품에 대한 설명은 간결히 한다.
- 신뢰성은 핵심 : 가능하면 개발자나 고안자가 잠시라도 출연해서 제품을 개발하는 장면이나 준비하는 장면을 넣는다.
- 실생활 활용 : 제품이 실생활에 어떻게 사용되고 있는지와 자신이 사용하는 것을 상상해 볼 수 있게 한다.
- 호소보다는 확신 : 막연히 도와달라기보다 성공에 대한 확신, 열정, 자신감을 자신감을 표현한다. 오히려 좋은 기회를 놓치지 말라는 메시지를 준다.

촬영

촬영은 야외촬영과 실내 촬영이 있고 현장을 세트로 구성해 촬영하는 경우가 있을 것이다. 촬영에 있어서 가장 먼저 직면하는 문제는 촬영지에 대한 고민일 것이다. 일부 업체는 킥스타터 동영상 촬영을 위해 미국을 비롯해 해외로 나가서 현지 올로케로 촬영하기도 한다. 가능한 미국의 현지 분위기를 내기 위해서이다. 많은 시간과 비용이 투입되지만, 그 효과에 비하면 굳이 그렇게까지 해야 할까 하는 생각이 든다. 가능한 국내의 장소 중에 캠페인의 컨셉에 맞는 곳을 섭외해서 촬영해도 무방하다. 단지 출연진을 외국인으로 구성해서 미국에서 진행되는 캠페인에 친근하게 다가올 수 있도록 하면 된다. 제품에 따라 야외촬영이 중요한데 촬영 및 음향장비가 잘 준비되어야 하고 비용도 상대적으로 높다.

흐르는 물을 통해 전기를 만드는 이노마드의 동영상 대부분은 야외촬영이었다

실내 촬영은 사무실, 연구실 등이 될 수도 있고 일정한 세트를 만들어 촬영하는데, 될 수 있는 한 실생활에서 접할 수 있는 환경이 친근하고 사실적인 배경에서 촬영하는 것이 더욱 설득력이 있다. 킥스타터 캠페인의 실내 촬영 대부분은 실제 사업을 하는 사무실, 회의실, 개발실에서 이루어지고, 제품을 만드는 과정을 가감 없이 촬영하기도 한다. 그런 실감 나는 영상이 더 호소력이 있기 때문이다.

주로 실내의 세트에서 촬영했던 누누로VR 동영상

특수효과

흔히 CG$^{Computer\ Graphic}$라고 하는 특수효과 작업은 동영상 제작과정에 컴퓨터 그래픽으로 제작된 영상을 올리는 것이다. 많은 업체가 시제품으로 캠페인을 펼치다 보니 아직 완성되지 않은 일부 기능을 보여줄 때 CG를 많이 사용한다. CG는 주로 별도의 전문가가 제작하는데 제품의 사용방법이나 기술적인 내용을 애니메이션 형태로 쉽게 설명한다. CG 사용에 있어서 주의점은 너무 많은 부분을 CG로 처리하면 킥스타터 운영진으로부터 제품 사진과 제품의 기본 기능이 실제로 되는 것을 보여달라는 요청을 받을 수 있다. 특히 제품 사진을 렌더링으로 처리하는 경우가 있는데 하드웨어는 제품의 실제 사진을 동영상에 기본적으로 포함해야 킥스타터 운영진의 승인을 받을 수 있다. 꼭 필요한 경우를 제외하고는 실물 위주로 동영상을 제작하는 것이 펀딩에 유리하다. 왜냐하면, 킥스타터에 후원하는 사람들도 완성도 높고 작동이 가능한 시제품을 보고 후원하는 것을 선호하기 때문이다.

동영상 촬영고 제작이 종료되면 마지막으로 편집 과정을 거친다. 장면을 편집하고 각종 효과를 넣고 음향을 입히는 작업이다. 흔히 에디터^{Editor}라고 하는 편집 전문가의 손을 거치게 되는데 다른 것은 몰라도 편집은 전문가의 도움 받을 것을 권한다. 동영상의 완성도에 있어서 가장 중요한 것이 편집이기 때문이다. 물론 동영상 편집을 위한 여러 가지 소프트웨어가 있지만 가능한 메인 동영상의 제작은 가장 심혈을 기울여야 하기 때문이다.

KICKSTARTER

4. 후반 작업

음향

동영상의 배경음악으로 사용하는 음악은 저작권 문제가 있기 때문에 라이센싱을 하지 않아도 되는 무료 음악을 주로 사용하도록 한다. 음악 동호인 또는 음악 제작 커뮤니티를 중심으로 무료로 다운로드 받아서 동영상의 배경음악으로 사용하면 된다. 단지 동영상의 분위기와 제품의 컨셉에 맞게 배경음악은 세심하게 결정해야 한다.

다음은 무료 배경음악 음원을 다운로드 받을 수 있는 사이트들이다.

- www.jamendo.com
- www.freemusicarchive.org
- www.freesound.org
- www.opsound.org
- www.ccmixter.org

티저 동영상

최종 편집을 위한 작업과 동시에 티저 동영상, 즉 예고편을 만들어보자. 30초짜리 동영상으로 사람들의 궁금증을 불러올 수 있는 동영상을 2편 정도 따로 만들어 유튜브를 비롯한 동영상 공유사이트나 소셜 미디어 사이트에 올려서 확산시키면 좋다. 동영상은 가능한 한 짧게 강한 인상을 줄 수 있도록 제작하고 역동적인 음악을 입히면 좋다. 티저 동영상은 어쩌면 광고 영상이라고 볼 수 있어 캠페인을 설명하는 캠페인의 메인 동영상과는 별도의 개념으로 제작된 동영상을 짧은 광고를 제작한다는 생각으로 편집해야 한다.

흔히 킥스타터 캠페인어 있어서 동영상은 가장 중요한 요소라고 한다. 동영상을 통해서 가장 많은 사람이 제품과 캠페인을 이해하고 후원으로 이어질 공산이 제일 크다고 보기 때문이다. 따라서 각별한 관심과 연구가 필요하다. 가능하면 많은 동영상을 모니터링하고 객관적인 입장에서 일관성 있게 제작해야 한다. 때때로 캠페인 중간에 동영상을 교체해서 컨셉에 변화를 주거나 다른 컨셉의 동영상을 시도하기도 한다. 동영상 역시 많을수록 좋은데 많은 버전의 동영상은 캠페인 중에 SNS는 물론 여러 가지 매체를 통해서 마케팅 콘텐츠로 사용할 수 있어서 가능한 한 많이 확보할 것을 권한다.

CROWDFUNDING KICKSTARTER

6장
마케팅 콘텐츠

KICKSTARTER
1. 캠페인과 콘텐츠 관리

킥스타터 캠페인에 있어서 콘텐츠는 전쟁에 있어서 총알과 같다고 보면 된다. 양질의 많은 콘텐츠가 확보되지 않으면 캠페인은 어려워진다. 따라서 캠페인과 관련된 좋은 콘텐츠의 확보는 필수적이다. 그렇다면 좋은 콘텐츠라는 것은 무엇일까? 캠페인에 올라있는 제품과 관련된 모든 콘텐츠가 대상이 된다. 캠페인 당사자가 콘텐츠를 만들어 낼 수도 있지만 이미 존재하는 콘텐츠, 즉 관련 기사, 논문, 분석자료, 영상자료를 찾아내 적극적으로 활용해야 한다. 지구 상에 존재하는 모든 콘텐츠를 캠페인을 위해 사용해야 한다는 것이다.

때로는 심각하고 정형화된 콘텐츠도 있고 때로는 가볍고 재미있는 콘텐츠도 있을 것이다. 중요한 것은 콘텐츠가 사람들의 관심을 끌고 적극적인 공유 또는 확산을 유도할 수 있어야 한다. 그리고 콘텐츠는 캠페인이 시작되어 끝날 때까지 관심이 꾸준히 지속될 수 있도록 계획적으로 사용해야 한다. 콘텐츠를 적절하게 믹스&매치Mix & Match 할 수 있는 치밀한 계획과 전략이 필요하다. 많은 콘텐츠를 마구잡이로 SNS를 통해 올리는 것은 사람들에게 거부감을 줄 수 있기 때문이다.

마케팅 콘텐츠의 사용과 확산의 매체는 소셜 미디어인데 목표는 좀 더 많은 사람이 보고 그들의 후원을 끌어내는 것이다. 하지만 그저 양적으로 많은 콘텐츠를 만들거나 구해서 올리기만 한다고 되는 것이 아니다. 콘텐츠를 통한 다음의 마케팅 목표가 명확해야 한다.

① 콘텐츠 노출

많은 사람이 콘텐츠를 열어 보거나 공감하고 '좋아요' 또는 '해시태그'를 달고, 나아가 콘텐츠에 코멘트를 남기도록 유도한다.

② 콘텐츠 확산

사람들이 콘텐츠를 공유하거나 리트윗해서 콘텐츠 자체가 확산 되어 콘텐츠의 노출이 기하급수적으로 확대되도록 유도한다.

③ 후원으로 연결

마지막으로 그 콘텐츠를 통해서 후원자들의 마음을 움직이고 나아가 후원으로 이어지도록 하는 것이다.

따라서 가능한 사전에 많은 콘텐츠를 확보하는 것이 중요하다. 그리고 캠페인 중에도 계속 콘텐츠를 만들어야 한다. 콘텐츠는 많을수록 좋다. 그야말로 다다익선多多益善이다. 물론 그중에 사람들의 관심을 일거에 끌 수 있는 킬러 콘텐츠Killer Contents가 있으면 더욱 좋을 것이다.

콘텐츠의 종류

세상에는 수많은 콘텐츠가 생겨나고 있다. 물론 캠페인과 관련이 있어야 하고 관심의 대상이 되어야 한다. 동영상에서 사진, 그리고 학술논문, 신문기사까지 다양한 콘텐츠가 캠페인의 마케팅에 사용될 수 있다. 킥스타터 캠페인이 시작되기 전 사전 마케팅 기간에 관련된 콘텐츠와 자료 등을 많이 확보하고 이를 스케줄에 맞게 사용하는 것이 콘텐츠 마케팅의 핵심이라 할 수 있다.

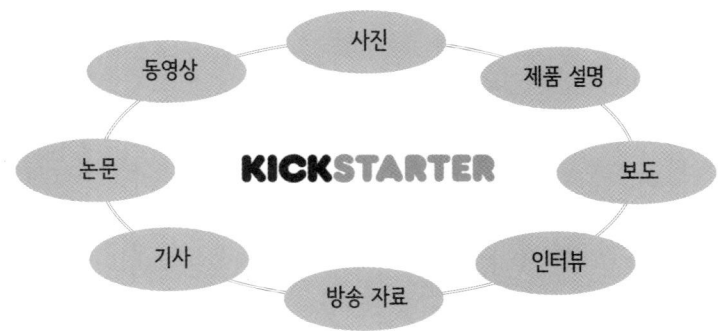

킥스타터 캠페인 마케팅을 위한 콘텐츠

콘텐츠의 취합 관리

사전에 확보하거나 만들어지는 콘텐츠를 적절하게 분류하고 관리할 필요가 있다. 주로 소셜 미디어에 콘텐츠를 포스팅하게 되기 때문에 미리 확보된 콘텐츠에는 목차와 설명을 달아서 전체 마케팅을 총괄하는 담당자가 적절하게 관리하도록 한다. 주로 구글 드라이브와 같은 공유할 수 있는 가상공간에 전체 콘텐츠를 파일로 정리해 놓고 포스팅하는 마케터들과 계속 소통하면서 일관성 있게 콘텐츠를 포스팅하는 방식을 쓴다. 특히 콘텐츠를 분류할 때 그 내용이 어떤 것인지 어떤 설명의 글과 함께 포스팅하면 좋은지 미리 영문으로 작성해 놓는 것도 한 방법이 되겠다. 캠페인이 정작 시작되면 관계자들의 일정이 바빠지기 때문에 이렇게 사전작업을 해 놓으면 도움이 된다.

콘텐츠 관리는 일관성이 중요하다. 마케팅을 담당하는 사람들은 누구나 자유롭게 콘텐츠를 올리고 또는 포스팅을 할 수 있게 해야 하지만 누군가 콘텐츠를 총괄 관리해서 중복되거나 준비한 콘텐츠의 포

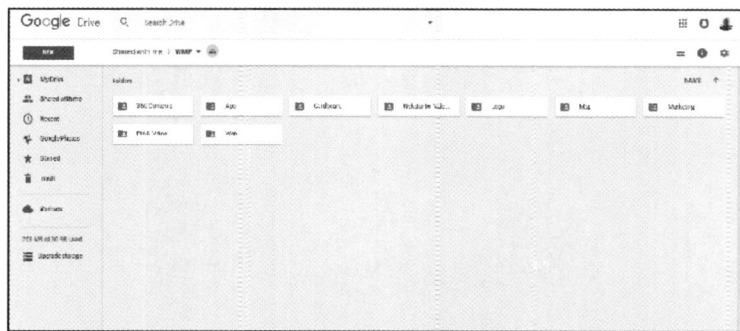

콘텐츠 취합 관리를 위한 구글드라이브 창

제6장 마케팅 콘텐츠

스팅 시기를 놓치는 일이 있으면 안 된다. 즉 한번 포스팅이 된 콘텐츠가 특별한 경우를 제외하고는 다시 올라올 수 없도록 분류되어야 하고 시기적으로 민감한 콘텐츠는 별로로 관리해 주는 것이 좋다.

예를 들면 일상적이지만 중요한 날에는 그에 맞추어 사전에 콘텐츠를 만들어 준비해 놓았다가 당일 올려주는 것이 좋다. 캠페인 중에 크리스마스, 독립기념일, 올림픽 등 국경일 또는 국제적인 행사가 있을 때는 그에 따라 콘텐츠를 만들고 분류해 놓고 연출해 보는 것이 효과가 있다. 하지만 이러한 시기적으로 민감한 콘텐츠에 대해서는 세심한 관리가 필요한데 당일이나 행사가 지나가면 더는 사용할 수 없기 때문이다.

미국 독립기념일을 위해 사전제작된 사진

2. 기획한 콘텐츠 vs. 즉석 콘텐츠

기획한 콘텐츠

캠페인 내내 콘텐츠를 만들어야 한다. 캠페인의 주제와 담당자의 의도에 따라 적절하게 콘텐츠를 만드는데, 일상의 활동을 사진으로 담는 것부터 정식으로 촬영된 동영상까지 방법은 다양하다. 상황을 설정할 수도 있고 아니면 자연스러운 상황에서 콘텐츠를 만들 수 있다.

▶ 제품 사진

제품 사진은 스튜디오에서 정식으로 찍을 수도 있고 아니면 자연스러운 상황에서 사용하는 장면을 촬영할 수 있다. 가능하면 여러 상황을 설정해 많은 사진을 확보할 것을 권한다. 또한, 방문하게 되는 명승지 또는 현지 유명한 건물, 랜드마크에서 제품의 사진을 찍어 별도의 설명과 함께 콘텐츠로 사용할 수 있다.

 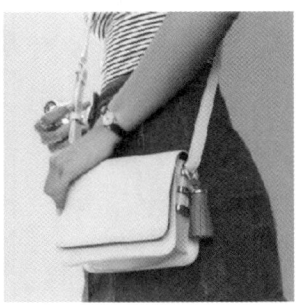

스튜디오에서 찍은 제품 사진과 실제 사용하는 모습을 찍은 사진

▶ 동영상

동영상은 가장 강력한 마케팅의 수단임이 틀림없다. 킥스타터의 캠페인 페이지에 오르는 메인 영상 이외에 각종 동영상을 많이 확보하는 것이 중요하다. 캠페인의 예고편이라고 할 수 있는 티저 동영상은 물론이고 제품의 제작과정, 고객이 제품을 즐기는 모습, 제품의 사용방법, 관련 인터뷰 등 가능한 여러 가지로 동영상을 만들어 사용하면 좋다. 역시 설정된 상황에서 촬영하고 편집한 공식적인 동영상도 좋지만, 돌발 상황을 스마트폰으로 찍은 동영상, 즉 현장의 상황을 가감 없이 보여주는 동영상이 오히려 가공된 동영상보다 강력한 호응을 얻을 수도 있다.

특히 인터뷰 동영상은 가장 효과 있는 캠페인의 마케팅 방법으로 꼽힌다. 자신의 경험을 가감 없이 말하고 이를 자연스럽게 동영상에 담아내는 것이 좋은데, 과장된 반응보다는 천천히 좋은 경험을 말하는 형식이 캠페인에 대한 신뢰를 확보하는 데 유리하다. 또한, 캠페인을 주도한 담당자와 제품 사용자가 자연스럽게 이야기를 나누는 제 3자

관점의 동영상을 제작해 보라고 권하고 싶은데 이는 고객의 의견을 경청한다는 느낌을 줄 수 있기 때문이다.

동영상을 통해서 제품의 성능이나 완성도를 보여주는 이벤트를 진행할 수도 있고 제품의 사용방법을 설명하는 동영상을 만들 수도 있다. 또는 제품의 사용을 통한 결과물을 보여주는 동영상도 좋다. 때에 따라서는 충격적인 동영상이나 경쟁사의 제품과 직접적인 비교를 하는 동영상도 효과가 있지만 과장되고 억지스러운 상황이나 설득력이 떨어지는 어색한 동영상은 오히려 거부감을 만들 수 있으니 주의해야 한다.

실제 제품을 사용해 보고 피드백을 주는 동영상은 효과만점

즉석 콘텐츠

설정된 상황에서 제작된 콘텐츠와는 다르게 자연스러운 콘텐츠, 즉 일반인을 상대로 한 콘텐츠는 항상 흥미와 동질감을 주며 때로는 큰 감동을 선사하기도 한다. 즉석에서 촬영된 사진이나 동영상이 강력한 이유는 무엇보다도 사실감일 것이다. 제품을 진솔하게 평가하는 동영상은 누구에게나 어필할 요소를 가지고 있다.

가장 쉬운 방법은 잠재 고객에게 제품을 주고 즐기는 모습을 찍는 방식이다. 쇼핑몰 등 사람의 왕래가 잦은 공간에 제품의 경험을 위한 키오스크를 설치해 사람들에게 제품을 주고 그 반응을 촬영한다거나 지인들을 통해 이러한 콘텐츠를 만들 수 있다. 이를 통해 극적인 동영상이 나오기도 하는데 최근에는 스마트폰을 통해서 이런 즉석 동영상을 만들고 편집하는 즉석 비디오 에디터 앱이 많이 있다.

현장에서 가감 없이 제작된 즉석사진

KICKSTARTER

3. 이미 존재하는 콘텐츠

직접 만든 콘텐츠는 한계가 있어서 가능한 한 이미 존재하고 있는 콘텐츠를 활용해야 한다. 세상에는 다양한 콘텐츠가 있다. 특히 캠페인과 제품의 신뢰성을 확보하는 데는 데이터를 위주로 한 콘텐츠를 이용하면 좋은 결과를 얻을 수 있다.

▶ 각종 학술 자료 및 전문가 인터뷰

제품의 효능을 입증하는 특허, 논문이나 연구자료를 이용하는 것이다. 관련 특허출원은 물론 학술지에 게재된 논문의 사본, 연구를 통해 수상했을 경우 시상식 장면 또는 발표 동영상 등의 콘텐츠이다. 제품의 효능이나 기능을 입증해 주는 자료는 언제든지 효과를 발휘한다. 관련 분야의 전문가 인터뷰 또한 효과 만점의 콘텐츠이다.

▶ 언론보도 및 기사

미디어 노출은 킥스타터 캠페인의 성공을 위해 필수적인 요소이다. 기사화된다는 자체가 하나의 화제를 불러일으키고 캠페인의 신뢰성을 크게 높인다. 캠페인을 진행하다 보면 크고 작은 기사로 보도가 된다. 보도가 한차례의 보도로 끝나지 않도록 적극적으로 이용하여야 한다. 즉 보도 기사가 가능한 한 널리 퍼져 나가도록 지속해서 알려야 한다. 소셜 미디어뿐 아니라 이메일 등을 통해서 알려서 기사 자체가 하나의 마케팅 콘텐츠로 사용되게 한다. 특히 테크미디어가 킥스타터 캠페인에 끼치는 영향력은 막강해서 대부분 기사화되고 나면 캠페인의 후원자 수가 급격히 늘어난다. 따라서 테크미디어를 통한 캠페인 또는 제품 소개 및 기사화가 중요한데 일단 기사화된 콘텐츠의 노출을 더욱 확대하는 노력이 동반되어야 한다. 즉 그 해당 기사가 오랫동안 떠돌아다니고 공유되는 것이 좋다. 일정 주기를 두고 기사의 포스팅을 반복해 보는 것도 좋다.

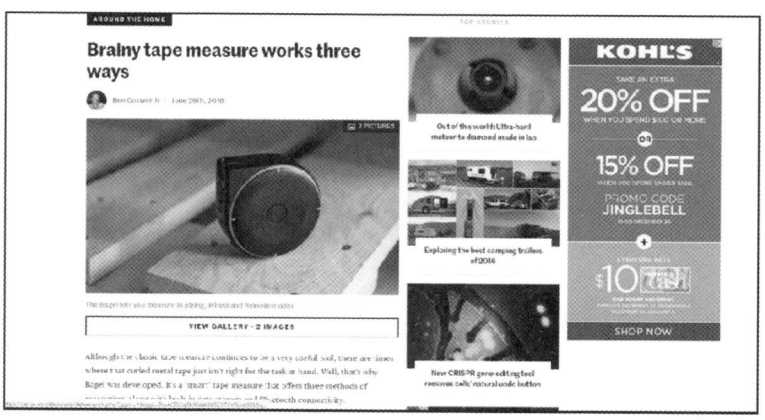

캠페인 중에 제품이 미디어에 노출되면 그 효과는 배가 된다

4. 충격적인 콘텐츠

충격적인 콘텐츠

화제를 일으킬만한 충격적인 콘텐츠 Out of Box를 말한다. 획기적이고 기발한 콘텐츠라고 표현하는 것이 옳을 것이다. 여러 가지 방법이 있다. 논란을 일으킬 만한 Controversial 콘텐츠를 가지고 사람들의 관심을 불러 일으키는 방법인데 부정적이든 긍정적이든 사람들에게 화제를 불러 일으켜 회자되게 하는 방식이다. 때로는 노이즈 마케팅 Noise Marketing 으로 불리기도 한다. 캠페인에 있어서 치명적인 악영향을 미칠 수도 있어서 이런 콘텐츠는 매우 조심스럽게 사용해야 한다.

대중들에게 화제를 불러 일으킬만한 콘텐츠로 사람들을 불러 모은 뒤 제품에 대한 이해도를 높여 캠페인을 후원하게 하는 단기 목표를 지향하게 되는데 이러한 콘텐츠는 캠페인의 전 과정에 1~2회 정도로 사용을 제한하도록 한다. 그리고 이에 사용되는 콘텐츠는 아주 세심한 주의를 기울여야 한다.

콘텐츠를 만드는 방식은 게릴라 마케팅Guerilla Marketing을 생각하면 된다. 즉 순간적으로 사람들에게 충격과 강한 인상을 주고 치고 빠지는 마케팅 기법이다. 게릴라 마케팅은 게릴라 전술을 마케팅 전략에 응용한 것이다. 장소와 시각에 구애받지 않고 잠재고객이 많은 대중 속으로 파고들어 상품을 홍보하고 판매를 촉진하는 마케팅의 한 방법으로 시각과 자금 등 여러 가지 여건이 부족한 상황에서 사용되는 효과적인 마케팅 방법이다. 캠페인에 사용되는 마케팅 콘텐츠가 너무 많이 알려져 식상한 것들이 많고, 사람들이 포스팅하는 콘텐츠에 별 감흥을 받지 못할 때 충격적인 콘텐츠로 짧은 시각에 많은 대중에게 빠르고 효과적으로 메시지를 전달하고 인지시키는 것을 목적으

사람들의 관심을 일으켰던 차로 밟고 지나가는 충격 테스트

로 한다.

게릴라 마케팅에서 매체로 활용할 수 있는 소재는 무궁무진하지만, 킥스타터 캠페인의 특성상 소셜 미디어 또는 온라인, 모바일 매체를 그 대상으로 한다. 대중들이 상식적으로 예측하기 힘든 소재를 활용하면 신선함이 더해져 그 효과는 배가 된다. 독창적이고 기발한 아이디어를 접목한 콘텐츠를 만들어 단기간 집중적으로 띄운다면 예상 밖의 효과를 불러올 수 있다. 따라서 이런 충격 마케팅 기법은 캠페인의 동력이 떨어져 가는 캠페인 후반에 주로 사용한다.

CROWDFUNDING KICKSTARTER

7장
킥스타터 랜딩 페이지

KICKSTARTER
1. 랜딩 페이지 구성

랜딩 페이지Landing Page는 캠페인의 얼굴이다. 킥스타터 사이트에서 제품명이나 회사명을 넣으면 나타나는 킥스타터 캠페인의 메인 동영상과 각종 설명자료, 후원 조건, 제품의 기능 등 캠페인에 관한 정보를 포함하게 된다. 랜딩 페이지를 준비하면서 자신이 준비하고 있는 캠페인의 진면목을 발견하게 되고 캠페인의 스토리는 물론 캠페인을 만든 사람들의 철학과 제품의 기능과 기술 등을 재점검해서 모든 것을 총망라한다고 생각해야 한다.

그렇다고 마냥 많은 정보를 실을 수도 없다. 랜딩 페이지를 준비하면서 가지고 있는 정보의 내용을 점검하고 정리하게 될 것이다. 왜냐하면, 킥스타터가 제시하는 한정된 공간과 정형화된 형식을 준수해야 하기 때문이다. 킥스타터는 이 점을 다소 엄격하게 모든 캠페인에 적용하고 있다. 여기에도 역시 킥스타터의 철학이 엿보인다. 모든 캠페인은 공평한 규정 안에서 시행되어야 한다는 것이다. 단순해 보이지만 엄격한 규정을 따라야 캠페인이 가능하다. 킥스타터의 랜딩 페이지는 가장 공을 들여 준비해야 하고 캠페인이 시작된 이후에도 꾸준히 업데이트하면서 주의를 기울여야 하는 부분이다.

랜딩 페이지를 만드는 데 있어서 몇 가지 팁

- 가능한 직관적인 표현을 쓴다. 너무 많은 미사여구, 완곡한 표현보다는 직관적이고 직접적인 표현을 쓰는 것이 좋다.
- 말보다는 그림을 쓴다. 긴 설명보다는 그래픽적인 요소를 많이 사용하는 것이 전달력이 빠르다.
- 구어체의 표현이 효과적이다. 누군가에게 말하듯 하는 어조로 쉽게 설명하는 듯한 느낌으로 전달한다.
- 완벽한 영어는 필수이다. 영어 문법은 물론 전체적인 흐름까지 가능하면 원어민의 점검을 거치는 것이 좋다.
- 너무 자세한 설명은 자제한다. 너무 심오한 기술 관련 내용, 학술적인 내용은 웹사이트를 참조하라고 넘긴다.
- 공익적인 느낌을 준다. 캠페인 전체가 공익적인 성격을 띨 수는 없지만, 캠페인이 약간의 공익적인 의미가 있다는 메시지를 담는다.
- 디자인에 지나친 몰입은 금물이다. 디자인이 중요하긴 하지만 외형을 꾸미려고 너무 많은 시간과 노력을 기울이기보다는 내용에 충실해야 한다.
- 철저한 사실Fact을 근거로 한다. 과장이나 없는 사실을 올렸다가는 후원자Backer들의 고발과 불평 심지어는 심각한 문제 제기에 봉착하게 된다.

캠페인 랜딩 페이지의 구성요소

Campaign Title with Short Description
Main Video
Long Description
About Campaign - Story
Features, Function, Technology, Advantages
Interview, Media Coverage, Reference
User Manual (Demo Video)
Milestone, Vision, Where to go
Team members
Special Thanks
Risk & Challenge

기본적으로 들어가야 할 내용이다. 어느 하나 중요하지 않은 것이 없다. 물론 캠페인에 따라 추가되는 사항이 있을 것이다. 랜딩 페이지 제작에 앞서 이에 필요한 여러 가지 정보와 동영상은 물론 사진, 그래픽 등을 취합해야 하고 디자인 컨셉도 잡아야 한다. 그리고 몇 가지 중요한 내용이 결정되어야 하는데 이는 팀원들과의 협의를 거쳐 결정한다. 한번 결정되면 수정할 수 없는 내용도 있으므로 신중히 결정한다.

KICKSTARTER

2. 캠페인 사전 결정사항

캠페인 카테고리

캠페인을 앞두고 가장 먼저 결정해야 할 것이 바로 캠페인의 속하게 될 카테고리이다. 즉 컴페인은 어떤 카테고리로 분류할 것인가이다. 킥스타터에는 15개의 주 카테고리$^{Main\ Category}$가 있고 그 밑에 하부 카테고리$^{Sub\text{-}Category}$가 있다. 자신의 제품이 어떤 카테고리에 속해서 캠페인을 진행하느냐는 자칫 중요해 보이지 않을 수 있다. 하지만 어떤 카테고리에 있는가가 캠페인의 첫인상을 좌우할 수 있어서 신중히 결정해야 한다. 카테고리는 다행히 캠페인이 진행되는 중간에도 변경할 수 있다.

2015년 가장 많은 금액의 펀딩을 달성했던 카테고리는 기술 부문 즉 '테크놀로지^{Technology}'이다. 1.6억 달러의 펀딩을 달성하여 2015년 전체 펀딩금액의 23.5%이다. 킥스타터에 사실상 기술 관련 제품이 많이 올라온다는 특성상 그리고 제품을 먼저 써보겠다는 얼리어답터 Early Adopter들이 많은 특성상 자연스러운 현상이다. 하지만 좀 더 자세히 보면 테크놀로지 부문에서 2015년 9,638개의 캠페인이 론칭되었는데 성공한 캠페인은 1,132개에 그쳤다. 성공률이 11.7% 내외라는 것이다. 이는 킥스타터 캠페인의 전체 성공률 28.7%보다 낮은 수치

카테고리	캠페인 수	펀딩규모 (백만불)
ART	5,252	15.6
COMICS	1,926	13.2
CRAFT	2,588	3.4
DANCE	622	1.8
DESIGN	6,659	161.5
FASHION	5,130	27.8
FILM & VIDEO	9,991	64.4
FOOD	6,239	25.6
GAMES	7,421	143.1
JOURNALISM	1,489	2.9
MUSIC	8,563	29.5
PHOTOGRAPHY	2,250	7.2
PUBLISHING	7,395	22.4
TECHNOLOGY	9,638	163.1
THEATHER	1,704	6.2
TOTAL	76,867	692.5

2015년 킥스타터 카테고리별 펀딩 현황 - 출처 : Online Games Consulting Services

이다. 테크놀로지 부문의 캠페인이 그만큼 성공하기도 쉽지 않다는 말이다.

카테고리가 분명한 제품들도 있지만 여러 카테고리에 걸쳐있는 제품도 있다. 예를 들면 360° 디지털 카메라를 포토그래피Photography의 카테고리에 올릴 것인가 아니면 테크놀로지 카테고리로 갈 것인가 고민될 수 있다. 정답은 없다. 하지만 테크놀로지 카테고리로 가라고 권한다. 이유는 간단하다. 가장 관심을 받는 카테고리로서 좀 더 많은 사람에게 노출될 공산이 크기 때문이다.

예를 들어 디자인이 접목된 IoT 제품의 경우 디자인Design 카테고리보다는 테크놀로지 카테고리에 오르는 것이 성공확률을 높일 수 있고 실제로 디자인에서 테크놀로지로 카테고리를 변경하고 나서 후원 규모가 빠르게 증가한 사례가 있다.

킥스타터의 캠페인은 일반적인 카테고리 구분과는 달리 시장 자체가 기술제품이 주를 이루고 후원자들이 주로 얼리어답터들이며 이들이 또 거의 남성이라 기술 위주의 제품으로 포지셔닝을 하는 것이 가장 유리하다. 테크놀로지 카테고리는 다시 16개의 하부 카테고리로 세분된다. 테크놀로지 카테고리에서 펀딩에 성공한 캠페인을 분석해 보면 그중에서도 가젯Gadget과 하드웨어Hardware의 성공률이 높다. 한국의 업체들이 특히 가젯 카테고리에서 두각을 나타내고 있다.

카테고리	캠페인 수	펀딩규모 (백만불)
3D PRINTING	72	8.5
APPS	126	2.3
CAMERA EQUIPMENT	46	6.9
DIY ELECTRONICS	118	4.5
FABRICATION TOOLS	17	3.0
FLIGHT	28	3.5
GADGET	263	25.2
HARDWARE	228	27.1
MAKERSPACES	31	0.6
ROBOTS	61	6.9
SOFTWARE	79	1.2
SOUND	63	3.9
SPACE EXPLORATION	31	2.6
TECHNOLOGY	263	33.2
WEARABLES	115	15.8
WEB	184	2.1
TOTAL	1,132	161.5

펀딩에 성공한 한 Technonoloy의 하부카테고리 현황(2015) - 출처 : Online Games Consulting Services

2. 펀딩의 최소 목표 금액

킥스타터는 최소 목표 금액Funding Goal을 설정하게 되어 있다. 그리고 설정한 목표 금액을 달성해야만 펀딩된 금액을 받는다. 킥스타터만의 원칙이다. 실제로 2015년에 76,867개의 캠페인이 론칭되었는데 그중 목표를 달성한 캠페인은 22,036개로 성공률은 28.7%였다. 10개의 캠페인 중 7개 이상이 목표 금액의 펀딩에 실패한다는 뜻이다. 목표 금액을 정할 때 으욕이 넘쳐서 너무 높은 금액을 목표로 하기보다는 적정한 금액을 도표로 해서 가능하면 이른 시간에 목표 금액을 달성하라고 권하고 싶다. 목표 금액의 조기 달성은 그 자체로도 마케팅의 효과도 있고 킥스타터 운영진도 절대 금액보다는 이른 시일 내에 목표 금액에 달성하는 것을 선호한다. 예를 들면 '캠페인 시작 48시간 이내에 목표 금액의 50% 달성'이라는 메시지는 그 자체가 강한 마케팅 요인이 될 수 있고 각종 미디어의 관심 대상 또는 뉴스거리가 될 수 있다.

내부적으로 펀딩의 목표가 50만 달러 또는 1백만 달러가 될 수도 있겠지만 그렇지 목표 금액을 너무 높게 잡지 말라고 권하고 싶다. 2~5만 달러 내로 정하고 캠페인을 시작하라고 권하고 싶다. 그리고 가능한 한 빨리 목표 금액을 넘어서 2,000%의 펀딩달성율을 기록하는 것이 현명한 방법이다. 캠페인을 론칭하고 나면 3만 달러의 펀딩 달성이 얼마나 힘든 일인가를 깨닫게 될 것이다.

3. 펀딩 기간

킥스타터 캠페인 기간은 1~60일까지 정할 수 있지만, 최소 5~6주 정도의 시간이 필요하다. 시기 또한 정하기 나름이지만 가능하면 피크 기간의 여름 휴가 시즌 또는 모두가 바쁜 연말연시는 피하는 것이 좋다. 킥스타터를 기획하고 준비하기 시작할 때는 가능하면 몇월 며칠날에 킥스타터 캠페인을 론칭한다고 정해서 공표하고 웹사이트나 각종 소셜 미디어에도 그 날짜를 명시한다. 이렇게 공표하고 나면 한층 더 목표의식을 가지고 킥스타터 캠페인을 준비하게 될 것이다.

4. 배송 날짜

캠페인 목표 금액의 펀딩을 달성해서 성공적으로 종료되면 제품을 만들어 후원자들에게 전달해야 한다. 배송날짜는 3개월 후가 될 수도 있고 6개월 후가 될 수도 있지만 가능하면 6개월을 넘기지 않도록 한다. 혹시 생산까지 6개월 정도가 예상된다 하더라도 캠페인 상에는 4개월 정도로 명시하고 나중에 후원자들에게 양해를 구하는 것이 좋다. 캠페인 상에서 배송이 6개월 이상 걸린다고 하면 아직 제품의 개발이 끝나지 않거나 어떤 이유에서 생산이 늦어진다는 인상을 줄 수 있고 캠페인 자체에 대한 신뢰성을 떨어뜨릴 수 있다.

킥스타터에서 펀딩에 성공한 캠페인 대부분은 배송이 지연되는 것이 일반적이라고 한다. 심지어는 1년 이상 약속을 지키지 못하는 경우가 있다. 그러나 그렇게 마냥 배송을 지연하면 회사의 이미지에는 치명타가 될 수 있다. 비록 불가피한 이유로 생산과 배송이 지연되더라도 지속해서 캠페인 업데이트를 통해서 후원자들에게 진행 상황을 알리고 양해를 구해야 하며 가능한 6개월을 넘기지 않도록 한다.

5. 제품 가격

제품 가격은 킥스타터 캠페인 후원자들에게 제공되는 보상 또는 리워드Reward를 구성하는 근거를 제공한다. 사실 제품의 가격에는 여러 가지가 포함될 것이다. 제품이 제조 및 양산과정에 들어가기 전에는 제품의 제조원가를 파악하기도 쉽지 않다. 시제품의 제작과정에서 발생하는 비용을 근거로 유추해 제품의 가격을 결정해야 할 수밖에 없다. 하지만 제품의 가격에는 그 외에 발생하는 여러 가지 비용 즉 제품 개발비용, 마케팅 비용 등을 고려해야 할 것이다. 제품 가격 산정은 가급적 전문가의 도움을 받을 것을 권하고 싶다.

제품의 단가가 결정되고 캠페인의 실제 배송할 리워드와 포장이 정해지고 나면 펀딩규모와 연관해서 캠페인의 손익구조를 수립해봐야 하는데 킥스타터 캠페인만 봐서는 사실상 손익을 따진다는 것이 무의미할 수도 있다. 캠페인 기간 내내 전사 차원에서 전력을 기울여 캠페인을 지원한다고 보면 보이지 않는 비용이 생기게 마련이다. 바로 마케팅 비용이 되겠다. 둘론 펀딩에 무난히 성공하고 나면 그에 따른 마케팅 효과, 후속 유통망 확보 등 돈으로 따질 수 없는 보이지 않는 수익 또한 막대하다. 제품의 가격을 결정하는 데 있어서 단편적으로 직접 관련된 비용과 원가만을 생각할 것이 아니라 이러한 다각적인 면을 고려해야 한다.

KICKSTARTER
3. 랜딩 페이지 제작

1. 캠페인 타이틀

캠페인 제목은 제품 이름과는 다르다. 캠페인 제목은 제목만으로도 바로 캠페인에 대한 흥미를 끌 수 있도록 마케팅적인 요소가 가미되어야 한다. 제목 역시 직관적이고 기억에 남을 수 있는 제목이어야 하며 이름과 함께 짧은 부연 설명이 붙게 된다.

- 간단하면서도 직관적인 설명
- 바로 어떤 캠페인인지 이해할 수 있도록
- 1개의 문장 이내로 강력한 메시지
- 알파벳 기준으로 135개 이내로
- 목표로 하는 고객Target Audience에게

몇 가지 예를 들어 보자.

"Projecteo: The tiny instagram projector!"

"Iva Jean: Bike Fashion for Women, Spring 2013"

"Specter : Safe and Stylish Device for Night Runners"

2. 주 동영상

제작된 주 동영상^{Main Video}을 올린다. 다시 한번 강조하지만, 동영상은 캠페인 마케팅의 핵심이다. 동영상을 올리는 데 있어서 킥스타터는 다음과 같은 엄격한 제한을 두고 있다.

> **Kickstarter Video Rule**
>
> "Your project video's file size must be 5GB or less and one of the following file type: MOV, MP4, or WMV. We take the video file you upload and create a 640 x 360 (16:9 ratio) version to display on your project page. For Video encoding, use WMV format in Windows. On Mac, use H.264."

킥스타터 비디오 룰

〈킥스타터 캠페인 동영상〉

- 동영상 파일 크기 : 5GB 이하
- 파일타입 : MOV, MP4, WMV, MPEC, AVI, 3GP, FLV
- 화면규격 : 640 x 360 (화면비율 16:9)
- 동영상 엔코딩 : 윈도우 WMV, 맥 H.264 (MOV)

3. 설명

1~3개의 문장으로 캠페인에 대해 간략히 설명Long Description하는 부분인데, 주로 '이 캠페인을 통해서 만들고 전달하려는 것이 무엇인가?'에 대한 부연설명이다. 제품 사진과 함께 가능하면 이해하기 쉬운 구어체로 친구에게 설명하는 것처럼 한다. 또한, 캠페인을 통해 말하고 싶은 가장 중요한 한 가지를 강조한다.

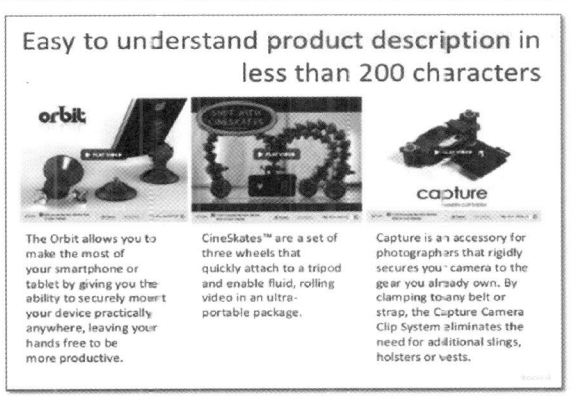

캠페인에 대한 간략한 설명

4. 캠페인에 대해서

캠페인에 대한 자세한 설명이다. 캠페인을 시작하게 된 계기 그리고 캠페인을 통해서 성취하려고 하는 것이 무엇인지 알리고 후원을 구하는 것이다. 제품의 기본적인 기능을 설명하고 어떤 가치를 추구하고 있는지를 설명하게 된다.

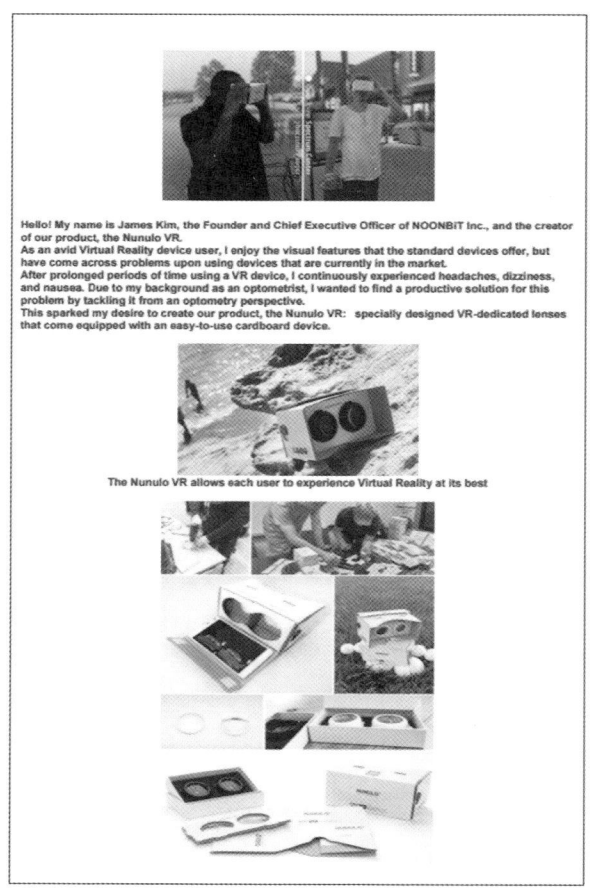

NunuroVR의 캠페인에 대한 설명

5. 제품의 기능, 관련 기술, 특장점

제품에 대한 세부적인 설명, 즉 기능과 스펙은 물론 제품과 연관된 독자적인 기술, 다른 제품과 비교해 가지고 있는 특징과 장점 등을 설명한다. 다소 내용이 많아도 무방하다. 별도의 동영상도 가능하고 사진이나 다른 그래픽 콘텐츠를 넣어도 좋다. 제품 작동의 기본원리를 설명해도 좋고 디자인 도면 등을 증거자료로 제시한다.

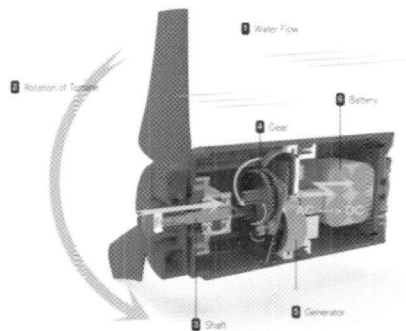

Estream의 제품 세부 설명

제7장 킥스타터 랜딩 페이지   163

6. 미디어 노출 및 인터뷰

제품이 미디어에 나왔거나 이와 관련해 인터뷰해서 제품에 대한 전문가 또는 제3자의 코멘트 등이 있다면 게재한다. 캠페인이 시작되면서 발행하는 보도자료 Press Release는 미국 내 수백 개의 미디어에 전달되어 많은 미디어에 노출된다. 만일 사전에 미디어에 노출된 경험 또는 기사화된 내용이 있다면 이 중 일부를 인용하는 것도 한 방법이다. 미디어 리스트는 해당 미디어의 로고를 그래픽으로 모아서 게재하는 것이 효과적이다.

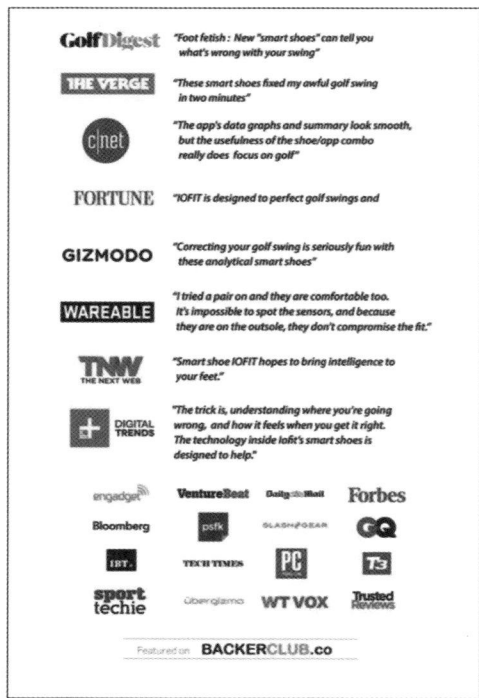

제품을 소개한 미디어 게재 - 출처 : Backerclub

7. 제품 사용방법

제품 사용방법User Manual을 간단하게 설명한다. 그래픽으로 설명하는 것도 좋고 사용방법이 복잡할 경우 동영상을 만들어 올리면 쉽게 이해할 수 있을 것이다.

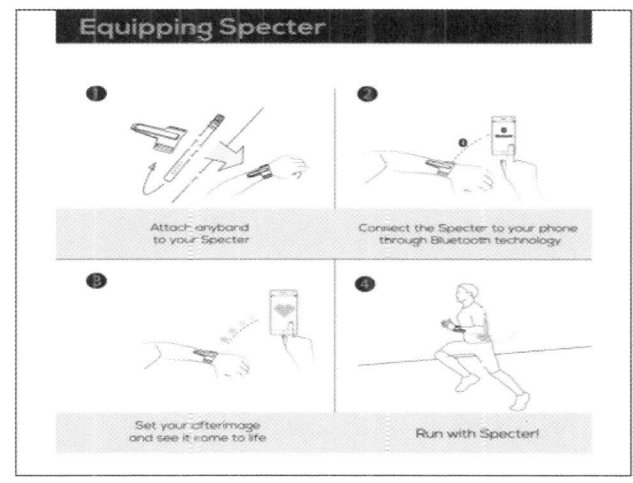

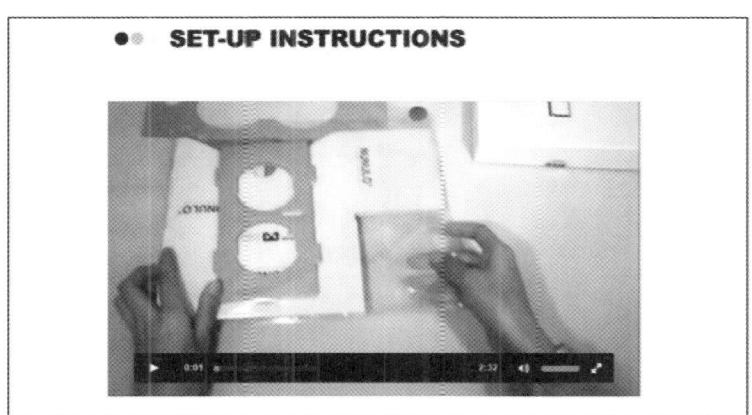

제품 사용방법을 소개한 그래픽과 동영상

8. 보상체계 Reward Structure

보상체계는 후원자들에게 후원금액을 제안하고 일단의 보상을 제공하는 체계를 말한다. 제품의 적정가라는 접근보다는 "후원금액에 따라 어떤 가치를 제공할까?"라고 접근해야 한다. 즉. 제품을 후원하고 받는 제품이라는 물질적인 가치 이상의 상징적인 가치 누군가의 꿈을 이루는데 보탬이 되고 누구보다도 먼저 제품을 사용해볼 수 있다는 점을 부각해서 자부심을 느낄 수 있는 보상계획이 되어야 한다.

이해를 돕기 위해서 제조원가가 20달러인 제품의 보상체계를 다음과 같이 만들어 보자. 킥스타터 펀딩이 종료된 후에 정식으로 판매될 경우의 소비자가격은 50달러로 가정한다.

금액	보상내용
$ 1 ~ $ 5	Thank you Pack - 웹사이트의 Backer List 명단에 올라감 - 개별 감사의 카드
$ 30	Super Early Bird (1개입) - 100개 한정 선착순
$ 40	Early Bird (1개입) - 200개 한정 선착순
$ 50	Basic Pack (1개입)
$ 80	Dual Pack (2개입)
$ 160	Family Pack (4개입)
$ 750	Group Bundle (20개입)
$ 3,000	Business Bundle (100개입)

캠페인 보상체계 구성을 위한 킥스타터 신청란

보상체계를 만들 때는 보상내용이 너무 복잡하지 않도록 한다. 독특한 아이디어를 접목해과도 좋고 예상치 못한 보상을 만들어 보는 것도 도움이 된다. 예를 들면, 제품 런칭 다티의 초대권, 본인의 이름을 새겨주는 제품 등이 그것이다. 그리고 100개 이상의 제품을 구매하는 대형 보상안이 필요한데, 유통업체 등에서 대량으로 살 수도 있기 때문이다.

9. 배송료

캠페인에서는 배송료를 후원자가 낸다. 펀딩에 성공은 했는데 높은 배송료 때문에 곤욕을 치를 수 있으니 배송료에 신경 쓰도록 한다. 배송료를 너무 높게 잡으면 후원자Backer들이 불만스러워하고 캠페인 자체가 실패할 수도 있다. 배송료는 캠페인을 기획한 업체에도 부담이지만 캠페인에 참가하는 후원자들에게도 부담스러운 요인이 된다.

미국 내 배송료는 배송업체에 따라 다양한데 미국 우정국USPS : United States Postal Service이 배송료가 가장 저렴하며 미국 전역에 배송한다. 무게와 거리에 따라 배송료가 다른데 후원자들의 주소가 미국 전역에 퍼져있으니 적절하게 평균 배송료를 적용하여 미국 내에서는 같은 금액을 징수한다. 미국 우정국엔 우등 우편Priority Mail Service 제도가 있는데 우정국 제공 상자를 사용할 경우 무게와 상관없이 같은 가격을 적용하는 고정요금Flat Rate Service이 있다. 따라서 제품의 포장디자인을 할 때 미리 상자를 구해서 크기를 맞추면 배송료를 절약할 수 있다.

USPS Priority Mail Flat Rate Box

10. 팀원

캠페인에 참가한 팀원들을 소개한다. 사진과 간단한 경력을 같이 올린다.

11. 향후 일정, 비전 그리고 감사

펀딩에 성공하면 그 금액으로 무엇을 할 것이며 어떤 스케줄로 제품을 만들어 보낼 것인지를 알려준다. 그리고 앞으로 이를 바탕으로 어떻게 사업을 펼쳐갈 것인지를 간략하게 설명한다. 여기에 캠페인에 참가해 주셔서 감사하다는 메시지를 담는다.

12. 주의 사항 Risk & Challenge

제품의 제조와 배송에 최선을 다하겠지만 어쩔 수 없는 일이 생길 수도 있고, 현지 사정, 제조사와의 관계 등으로 인해 제품배송이 지연될 수 있다는 것을 명시한다.

CROWDFUNDING KICKSTARTER

8장
캠페인 론칭

KICKSTARTER
1. 캠페인 자격 조건

랜딩 페이지를 완성하고 나면 대망의 캠페인 론칭을 하게 되는데, 그 전에 몇 가지 점검해야 하고 킥스타터 운영진의 심사도 받아야 한다. 캠페인 론칭을 언제 몇 시에 할 것인지 결정도 해야 한다. 초기에 분위기를 잡기 위해 적절한 전략도 수립해야 하고 적극적인 마케팅을 전개해야 할 것이다. 론칭과 함께 미디어에 알려서 캠페인을 시작했다는 것을 만천하에 공개해야 한다. 캠페인 론칭을 전후한 1주일이 가장 중요한 시기이다. 캠페인을 론칭할 자격 조건은 다음과 같다.

❶ 좋은 아이디어를 통한 작동 가능한 시제품

아이디어와 시제품은 킥스타터의 시작이다. 캠페인을 위해서 필수적인 요소인데 다시 한번 강조하지만, 기본적인 기능이 작동하는 것을 보여줄 수 있는 시제품이어야 한다. 제품의 렌더링을 통한 제품의 그래픽 또는 애니메이션은 물론 동영상에 그래픽 처리만으로는 킥스타터 운영진의 집요한 증빙자료 제출 요구나 심지어는 시제품 제출의 요청을 받을 것이다. 마음이 급하더라도 시제품의 작동을 점검하고 확신이 선 이후에 킥스타터 캠페인을 추진해야 한다.

또한, 시제품이 완성되었다고 바로 킥스타터를 시도하기보다는 여러 가지 경로를 통하여 시제품과 관련된 다음 몇 가지를 점검해야 한다.

- 같은 또는 아주 유사한 제품이 킥스타터에 올라온 적이 있는가?
- 주요기술에 대한 소유권이 확보되었고 지식재산권이 보호되고 있는가?
- 관련된 여러 가지 관련 인증은 획득하였는가?
- 제품명이 다른 제품의 상표명으로 사용되고 있지는 않은가?
- 킥스타터 캠페인에 올리려는 제품이 시장성이 있는가?

❷ 제품의 독창성 및 희소성

캠페인을 생각하고 있는 제품이 킥스타터 캠페인에서 최초로 공개되고 캠페인을 통해서만 구할 수 있어야 한다. 만약 시중에서 이미 유통되고 있는 제품이라면 킥스타터 캠페인을 시도하지 않는 것이 좋다. 시중에서 구할 수 있으면 킥스타터 운영진의 심사를 통과하기 힘들기 때문이다. 킥스타터는 새로운 제품을 가지고 캠페인을 하는 플랫폼임을 명심해야 한다. 이미 유통되고 있는 제품으로 크라우드펀딩에 도전해 보고 싶다면 인디고고Indiegogo라는 별도의 크라우드펀딩 플랫폼을 통해서 해보라고 권하고 싶다. 하지만 시중에서 유통되고 있더라도 새로운 기능을 더해 업그레이드된 제품이라면 킥스타터 캠페인이 가능하다. 제품의 희소성은 킥스타터에서 활동하고 있는 후원자들에게 매우 민감한 문제이다. 그들은 대부분 얼리어답터^{Early} ^{Adopter}로서 자부심을 가지고 킥스타터 캠페인 후원을 통해서 누구보다도 제품을 먼저 써보고 경험하려 한다. 따라서 만일 세상 어디선가 유통되고 있는 제품을 캠페인에 올릴 경우 결국은 찾아내서 킥스타터 운영진에 신고할 것이다. 이러한 제보를 통해서 킥스타터 캠페인을 진행하던 중간에 캠페인 자체가 취소되는 경우도 종종 있다.

❸ 행정적인 요건들

- 미국 시민 또는 영주권자 : 킥스타터 캠페인을 론칭하는 자^{Creator}는 캠페인을 총괄하고 법적으로 책임을 지는 자인데, 반드시 미국 시민권자나 영주권자로 국한하고 있다. 나이는 만 18세 이상이어야 한다.
- 미국 법인 : 킥스타터 캠페인을 주관하는 법인이 필요하다. 미국의 연방정부와 주 정부에 등록해 설립한 법인이어야 한다. 이 경우 미국의 다른 법인 하에 캠페인을 진행할 수도 있다.
- 미국 현지 은행 계좌 : 미국법인이 보유하고 있는 미국 현지에 주소를 두고 있는 현지 은행 계좌를 말하며 킥스타터의 펀딩이 성공하면 펀딩금액이 입금되는 계좌이다.
- 신용카드 : 어느 신용카드도 가능하다. 신용카드는 현지에서 어떤 이유로 후원된 금액을 환급할 경우에 필요하다. 한국에서 발행된 VISA 또는 Master 카드도 무방하다.

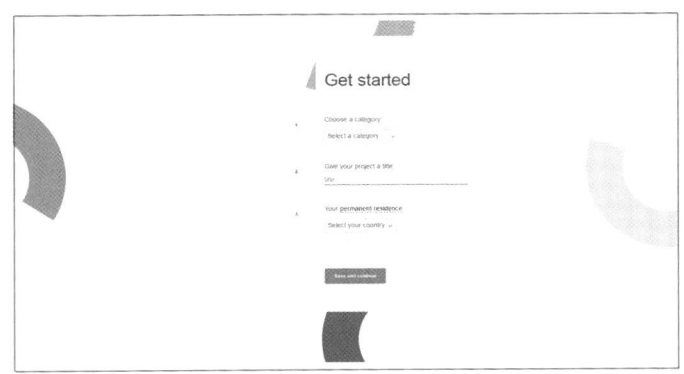

캠페인 신청 시작 화면

캠페인의 신청과 승인 등 모든 준비가 끝났다면 킥스타터 사이트로 들어가 정식으로 킥스타터 운영진에게 신청서를 보내야 한다. 별도의 양식은 없고 킥스타터 사이트에서 내용을 기재하면 된다. 킥스타터 웹사이트의 안내에 따라 내용을 기재한다. 미리 준비한 내용을 넣는데 만일 추가적인 내용이 필요하다면 다시 준비해서 넣으면 된다.

캠페인 신청 화면

제8장 캠페인 론칭   175

캠페인 심사는 짧게는 2~3일, 길게는 1주일 정도 걸린다. 하지만 운영진에서 보완자료를 요구하거나 확인을 해야 하는 경우가 있다. 신청 후 3일 이내에 별다른 연락이 없다면 전화 또는 이메일을 통해 직접 연락해보는 것이 좋다. 보완자료는 대체로 시제품의 작동과 관련된 내용이며 확인의 경우 본인 당사자 확인 등이다. 심사가 무사히 끝나면 캠페인이 승인되고 "Accepted!"이라는 메시지를 받게 된다.

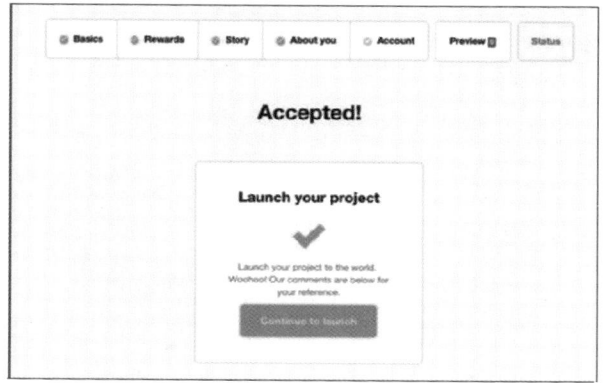

캠페인 승인 화면

자, 이제 '론칭 Continue to Launch' 버튼을 클릭하면 캠페인이 시작된다. 론칭 버튼은 바로 누르지 않아도 된다. 버튼을 누르기 전에 정확하게 어느 시점에 시작할지 고민해봐야 한다. 승인되고 나면 론칭 버튼은 언제든지 눌러서 캠페인을 시작할 수 있다.

KICKSTARTER

2. 캠페인 론칭

일단 승인을 받고 나면 캠페인의 론칭 날짜와 시간을 정해야 한다. 캠페인의 론칭 날짜는 어떻게 정하는 것이 좋을까? 통계상으로는 월요일과 화요일에 할 것을 권하고 있다. 주말은 후원활동이 상대적으로 저조하다는 판단이다. 따라서 월요일이나 화요일에 캠페인을 시작하면 무난할 것이다. 시작 시각 즉, 하루 중 어느 시간에 캠페인을 론칭할 것이냐에 대해서는 의견이 분분하다. 국내 업체가 미국에서 캠페인을 시작하는 것이기 때문에 일반적으로 현지의 아침 시간이 좋을 것 같지만 몇 가지 고려 사항이 있다. 캠페인이 시작되면 사실상 캠페인 초기에 많은 후원을 받아서 미디어 등 관심을 끌어들이는 것이 좋다고 판단된다. 이러한 맥락에서 국내 업체는 미국보다는 국내의 지인으로부터 초기에 후원을 끌어내야 할 공산이 크다. 따라서 사실상 국내의 저녁 시간, 특히 퇴근 시간인 오후 5~6시를 겨냥하는 것이 좋을 듯하다. 그 시간 미국은 새벽이다.

미국시간　화요일 새벽 2~4시
한국시간　화요일 저녁 5~7시

우선 한국의 저녁 시간에 맞추어 캠페인을 론칭하여 가능한 많은 숫자의 후원을 끌어낸 후에 미국에서 아침 시간을 맞도록 한다. 이미 캠페인에 어느 정도 숫자의 후원이 이루어진 후이기 때문에 킥스타터 운영진은 물론 후원자들에게도 잘되고 있는 캠페인이라는 인상을 줄 수 있다. 이렇게 미국에서의 캠페인이 사실상 시작되는 것이다. 캠페인이 시작되면 이를 알리는 자료를 내야 하는데, 이를 보도자료Press Release라고 한다. 보도자료는 전문기관을 통해야 한다. 비즈니스 와이어Business Wire 또는 PR 뉴와이어PR Newwire와 같은 전문 보도자료 전송업체를 통하면 수백 개의 영어권 미디어와 언론기관에 보도자료가 배포된다.

전송되는 것과 별개로 그 내용이 기사화되는 것은 순전히 미디어 당사자의 고유권한이다. 소속 기자나 편집인이 보도자료 내용이 기삿거리가 되거나 제품이 흥미롭다 생각한다면 기사화할 것이다. 그래서 영문으로 쓰이는 보도자료에 심혈을 기울여야 하는데 가능한 현지 전문가의 도움을 받도록 한다.

보도자료는 가능한 전문성이 돋보이도록 작성하고 캠페인을 하게 된 동기는 물론 제품에 대한 설명과 함께 제품 사진과 담당자의 연락처를 명시한다. 실제로 보도자료를 통해서 인터뷰 요청 또는 심층취재의 협조요청이 들어오기도 한다.

✱ **Nunulo VR이 만들어 배포했던 보도자료**

FOR IMMEDIATE RELEASE

Nunulo VR Launches on Kickstarter, Bringing Better and More Comfortable Virtual Reality Experience to Users Regardless of Visual Acuity

NEWPORT BEACH, Calif., July 19, 2016 – The Nunulo VR solves the problem of motion sickness and eye strain that is common among the first generation of virtual reality headsets. The cardboard frame houses two precision-engineered lenses that users can adjust to accommodate their unique visual parameters. Even users who wear glasses can see images in clear focus, thanks to the Nunulo VR. More information about NOONBiT, the company behind this innovative device, is available at www.nunulo.com.

"I've noticed that most VR head mount devices on the market today are created in a manner that does not consider distinct eye conditions," says Founder and CEO James Kim, who has leveraged a background in optometry to bring a fresh perspective to the VR user experience "This can lead to the deterioration of the eyes of users as well as headaches, dizziness and nausea. We've designed the Nunulo VR to be adjustable to each user's specific visual circumstances, which will minimize eye strain so that users can enjoy virtual reality content more comfortably."

Shortcomings of Current VR Technology

While the VR revolution is still in its early stages, early adopters have already reported problems ranging from dizziness and nausea to headaches and eye fatigue. These symptoms are the result of several factors, and can surface after only 10 or 15 minutes of use. For one thing, most VR lenses are made of a non-coated acrylic material, which is hard on the eyes. In addition, lenses tend to fog up and amplify the strain and hindrance to the visual field. It's even possible that the current lineup of popular VR devices could cause eyesight deterioration over the long term.

Unfortunately, the first generation of VR headsets have been designed as one-size-fits-all devices that can't be adjusted. But when it comes to vision, one size does not fit all. That fact was the chief inspiration behind Kim's invention of the Nunulo VR device.

The Nunulo VR Solution

The Nunulo VR has been engineered to give users a far better experience, as well as open up the world of virtual reality to those who have been excluded by other devices. The science is straightforward; the human eye has two key mechanisms for perceiving images, convergence and focus. Nunulo VR supports both of these mechanisms, all but significantly reduces chances of experiencing motion sickness.

The Nunulo VR's breakthrough is its adjustable lenses. Users can move the lenses from side to side to fit the distance between their pupils, and then rotate the lenses to bring images into sharp focus. The result is a crystal-clear, immersive and fun VR experience. The lens frame will also accommodate new types of lenses currently in development. Nunulo VR supports all smartphones with screen sizes ranging from 4 to 6 inches.

Today, Nunulo VR is a consumer-ready product. Those who have tested the device report great experiences. Several of these testimonials can be seen on the Kickstarter page. To achieve large-scale production and get Nunulo VR to the masses, NOONBiT is asking for the community's support through Kickstarter (Campaign Link Here). When the Kickstarter campaign funding goal is achieved, the company anticipates manufacturing and delivery of the first devices to be complete in November of this year. Kickstarter perks include a super early bird special of $29, which includes one pair of lenses and one cardboard frame. Large packages are available for business and educational purposes.

The Nunulo VR team has plans to continue researching developing unique VR and information technology experiences, with an eye toward delivering superior – and safer – user experiences. "We believe that effective execution of our creative ideas and inventions are achieved through kindness, respect and consideration of others, and we strive to live out this philosophy every day," concludes Kim.

About NOONBiT, Inc.

NOONBiT is the maker of Nunulo VR (www.nunulovr.com), a first-of-its-kind VR headset. The company has offices in Korea and Southern California.

Contact:

James Kim

CEO

KICKSTARTER

3. 캠페인 초기 전략

캠페인 론칭 후 가장 중요한 것은 초기에 많은 후원을 끌어내는 것이다. 펀딩에 성공하는 캠페인은 초기 48시간 이내에 목표 금액의 30% 이상을 달성한다고 한다. 따라서 처음 48시간에 최선을 다해야 한다. 이를 위해 처음엔 주변 지인들에게 도움을 청할 수밖에 없다. 전화와 이메일, 텍스트 메시지를 통해 캠페인을 알리고 후원을 요청한다. 초기에 성공적인 캠페인은 미디어의 주목을 받기도 쉽고 기사화를 요청할 정당성도 확보할 수 있다.

"10시간 만에 목표 펀딩의 50% 달성!"
"3일 만에 목표 펀딩 초과 달성!"
"이틀 만에 후원인 100명 돌파"

미디어의 관심과 기사화를 위해서는 뉴스거리를 만들어야 하는데 목표를 빨리 달성하는 것이야말로 가장 훌륭한 뉴스라고 할 수 있다. 이를 위해 가능한 모든 개인적인 친분을 총동원하는 것이 가장 빠른 방법이다.

캠페인 시작과 동시에 변경 가능/불가능한 내용

캠페인 론칭 전에 한 번 더 랜딩 페이지를 점검해야 한다. 가능한 캠페인의 내용을 변경하지 않는 것이 좋지만 때로는 변경이 불가피하다. 한 가지 절대 변경할 수 없는 것이 바로 후원금액이다. 단 1명이라도 후원하고 나면 후원금액과 그에 따른 보상체계는 변경할 수 없다. 따라서 보상체계는 캠페인 론칭 전에 주의깊게 검토해야 한다.

그 밖에 다음의 내용은 캠페인이 론칭되고 나면 변경할 수 없다.

- 펀딩 목표 금액 Funding Goal
- 캠페인 마감 날짜 Project Deadline
- 캠페인 제목 Kickstarter Profile Name

이외에는 변경할 수 있으므로 캠페인을 진행하면서 필요하면 내용을 변경할 수 있다. 때로는 캠페인 진행이 지지부진하다면 메인 동영상을 교체해 보는 등 변화를 준다. 캠페인 카테고리를 변경해볼 수도 있다. 기본적인 내용 외에 마케팅을 위해 작은 변화를 꾀해 보는 것도 좋지만, 잦은 변경은 자제한다. 자칫 신뢰를 잃을 수 있다.

제8장 캠페인 론칭

CROWDFUNDING KICKSTARTER

9장
캠페인 중의 마케팅

KICKSTARTER

1. 본격적인 마케팅의 시작

캠페인이 시작되면 본격적으로 마케팅을 시작해야 한다. 사전 마케팅이 예선이라면 이제 본선이다. 모든 채널을 통해서 캠페인을 알리고 나아가서는 캠페인의 후원을 하도록 하는 것이다. 다시 한번 강조하지만 알리는 데서 그치지 말고 후원을 유발하는 것이 목표라는 사실을 잊지 말아야 한다.

각종 매체를 통해서 캠페인을 홍보하면서 정보의 도달률, 유입률 등의 용어로 마케팅의 효과를 측정하기도 한다. 마케팅 회사$^{Marketing\ Agency}$들이 특히 이러한 표현을 좋아한다. 하지만 최종 목표는 이런 도달률이나 유입률이 아니고 후원을 끌어내는 것이다. 모든 역량은 한 사람이라도 더 후원이 이루어질 수 있도록 하는 데 집중해야 한다. 후원의 숫자가 캠페인의 성공과 직결된다는 것을 명심한다.

그리고 캠페인 기간이 6주 내외인 점을 고려하면 비교적 단기간에 마케팅의 효과를 볼 수 있도록 해야 한다. 장기적인 브랜드 알리기나 기업광고 효과를 노리는 것이 아니라 단기간에 마케팅에 집중해 후원을 끌어내는 데 사활을 걸어야 한다. 어쩌면 마케팅이라는 표현보다는 "단기 집중 영업활동"이라고 표현하는 것이 옳을지도 모른다. 가능하면 킥스타터 캠페인 기간에는 회사의 모든 역량을 집중해야 하고, 가지고 있는 모든 채널을 동원해야 한다.

KICKSTARTER

2. 이메일 마케팅

이메일은 가장 직접적인 마케팅 방법인데 사전에 확보된 이메일 주소로 이메일을 보내서 후원을 요청한다. 킥스타터 캠페인의 펀딩에는 '333 룰'이라는 것이 있다.

> 33% - 직접 아는 지인
> 33% - 아는 지인의 지인
> 33% - 불특정 다수

캠페인의 펀딩에 있어서 33%는 직접 아는 지인들로부터의 후원이고, 33%는 지인들의 지인들, 그리고 나머지 33%만이 불특정 다수 즉, 전혀 알지 못하는 사람들로부터의 후원으로 이루어진다는 것이다. 그러므로 가장 먼저 해야 할 일이 주변에 아는 모든 이에게 이메일을 보내고 단도직입적으로 도움을 청하는 것이다.

이메일을 보낼 때는 지인들뿐 아니라 이메일 주소를 확보한 가능한 많은 사람에게 이메일을 보내야 하는데 캠페인의 대략적인 설명, 기한, 목표를 명확히 알리도록 한다. 다음은 킥스타터 캠페인 후원을 요청하는 영문 이메일의 예시이다.

From : Tony Kim
Subject : Kickstarter Campaign
      – PEETOS : Portable Wireless Smartphone Charger

Hello!
I am very excited to announce that my Kickstarter campaign for ***PEETO, the portable wireless smart phone charger*** is now up and live! This has been an amazing process, which we spent a year for research and development. Finally, we made the fastest wireless smart phone charger ever built.
You can visit the campaign page here :
http://www.kickstarter.com/projects/8943878/peeto-charger
Through the site, you can back the project and preorder a unit of the finished product based on your backer level. You can order only through October 31, so order now!
We are planning to ship the product in Spring 2018.
As always, thank you so much for your support and encouragement!
Thanks in advance for your consideration,

Tony Kim
www.peetos.com

KICKSTARTER

3. 캠페인 마케팅의 승부처, 소셜 미디어

소셜 네트워크는 킥스타터 캠페인의 승부처이다. 페이스북, 트위터, 인스타그램은 가장 널리 사용되는 플랫폼이다. 물론 이 세 가지 이외에도 각종 소셜 미디어가 있지만, 기본적으로 이 세 가지 플랫폼을 통해 집중적인 마케팅을 펼치도록 한다. 먼저 소셜 미디어에 대해서 전반적인 계획을 수립해야 한다. 캠페인을 준비하고 시작하고 마케팅하는 6개월 전체를 놓고 치밀한 준비를 해야 한다. 기간과 시점에 따라 소셜 미디어에 포스팅하는 내용과 목표에도 변화를 주어야 한다.

사전 마케팅 1 (캠페인 시작 3개월 전)	소셜네트워크 플랫폼에 캠페인 페이지를 개설하고 본격적으로 캠페인을 알린다. 주로 웹사이트로 사람들이 유입되도록 하고 가능하면 좋아요 및 팔로워의 숫자를 올리는데 전력을 기울인다. 그래서 캠페인 론칭 전에 가능한 많은 사람들이 캠페인 자체는 물론 웹사이트에서 캠페인 정보를 만날 수 있도록 한다.

사전 마케팅 2 (캠페인 시작 1개월 전)	캠페인의 시작이 가까워지면서 집중적인 마케팅 활동을 하고 소셜마케팅 사이트에는 일제히 D-10 등의 메시지를 띄운다. 캠페인 준비사항을 위주로 콘텐츠를 올리고 간간이 웹사이트로 유입을 늘리는 광고를 실행한다.
진행 중 마케팅	캠페인을 시작하면 계획을 세워 꾸준히 콘텐츠를 포스팅하고 업데이트해 나가야 한다. 진행 상황은 물론 캠페인과 관련된 다양한 콘텐츠를 가지고 마케팅을 하는데 이제부터는 단순히 캠페인을 알리는 것이 아니라 캠페인의 후원을 끌어내야 한다. 따라서 모든 소셜 미디어의 활동은 킥스타터 페이지로 유입되도록 하는 데 최선을 다해야 한다.
종료 후 마케팅	캠페인이 종료되면 캠페인 후원에 감사하고 향후 제품 개발과 제조의 진행 상황과 킥스타터 캠페인을 넘어서서 앞으로 제품의 유통 및 사업 발전을 도모하는 내용의 콘텐츠가 주를 이룰 것이다.

콘텐츠 포스팅 계획

소셜 미디어에 콘텐츠를 포스팅할 경우 다양한 콘텐츠를 마구 올리는 것보다는 계획을 세워 전략적으로 포스팅하면 좋다. 킥스타터 캠페인은 단기간에 집중적인 마케팅을 해야 하는 상황이지만 매주 일정한 주제를 정해서 관리하면서 포스팅을 진행한다.

예를 들어보자. VR 관련 디바이스인 '누누로 VR'의 킥스타터 캠페인을 대상으로 주별로 시행된 소셜 미디어 마케팅 계획을 수립해 본다. 누누로 VR은 초점조절이 가능한 렌즈로 만든 최초의 VR HMD^{Head}

Mount Device이다. 캠페인이 진행되는 동안 다양한 주제로 포스팅할 수 있다. 캠페인 6주간의 매주 별도의 주제를 정해 보유하고 있는 콘텐츠를 분류해서 올려본다.

Week 1	누누로 VR에 사용된 렌즈의 개발 및 제조 과정
Week 2	장시간 VR 기기를 사용했을 때 생기는 증세들
Week 3	렌즈가 중요한 이유에 대한 각종 자료
Week 4	VR이 아이들의 눈에 미치는 영향
Week 5	VR 시장과 산업에 대한 전반적인 내용
Week 6	VR 기기의 미래

물론 이외에 일상적인 내용의 콘텐츠는 별도의 콘텐츠로 포스팅할 것이다. 그러나 너무 광고 티가 나는 내용만을 포스팅할 것이 아니라 주제와 관련된 학술자료, 동영상, 보도자료, 기사 심지어는 다른 제품의 포스팅까지 광범위하게 포스팅을 하면서 오로지 제품을 팔려고 캠페인을 하지 않는다는 인상을 주는 것이다. 궁극적으로는 캠페인에 대한 신뢰도를 높이는 데 큰 역할을 하게 된다.

주별로 계획이 세워졌으면 이제 일별 계획을 세워야 한다. 매주 일요일에는 다음 주에 올릴 콘텐츠의 종류와 내용을 정해서 하루에 3번 또는 4번 정도 기본적인 포스팅을 해야 한다. 물론 소셜 미디어의 종류에 따라 그 내용을 달리해야 하는데 같은 사진이라도 사진설명이나 키워드를 달리할 수 있다.

	Monday	Tuesday	Wednesday	Thursday	Friday
페이스북	- SNS Background edit - Our contents (Pictures) - Tech Article	- Our contents (WMP Logo) - WMP features	- Tech Article - Travel Article	- Our contents (pictures: map) - Tech Article - Facebook Influencers	- Tech Article - Travel Article - Our contents (Cardboard)
			List complete: Tech, Toy, Travel, VR	Facebook PPT: Kickstarter success campaign FB	Next week, Facebook AD $20
인스타그램	- Our contents (Pictures)	- Our contents (WMP Logo) - Our contents (map character) - WMP Features			
트위터	- Our contents (Pictures) - Tech Article	- Our contents (WMP Logo) - WMP features	- Tech Article - Travel Article	- Our contents (pictures: map) - Tech Article	- Tech Article - Travel Article - Our contents (Cardboard)
					List complete: Tech, Toy, Travel, VR

SNS 포스팅 주별 계획 (예)

KICKSTARTER

4. 소셜 미디어 마케팅의 주의사항

소셜 미디어의 환상을 버려야

소셜 미디어가 킥스타터 캠페인에 있어서 절대적으로 중요하고 사실상 캠페인의 성패를 좌우한다고 하지만 소셜 미디어가 모든 것을 해결해 주지는 못한다. 소셜 미디어는 단지 강력한 마케팅 채널을 제공하는 것이고 이를 적절하게 캠페인에 이용하는 것이 포인트이다.

다음은 소셜 미디어 마케팅을 할 때 유념해야 할 사항이다.

❶ 형편없는 제품은 소셜 미디어로도 대책이 없다

만일 형편없는 제품을 가지고 캠페인을 실시하면서 소셜 미디어만 잘 이용해 성공하기 바란다면 일찌감치 캠페인을 접으라고 말하고 싶다. 그런 마케팅은 오히려 회사에 부정적인 영향을 끼친다. 부정적인 판단과 이미지는 소셜 미디어를 통해 급속도로 번져나갈 것이다. 제품력이 없는 캠페인은 소셜 미디어로도 살릴 수 없다.

❷ 소셜 미디어가 하루아침에 캠페인을 성공시킬 수 없다

소셜 미디어를 통한 성공에는 시간이 소요된다. 그 성공은 꾸준한 콘텐츠의 공유, 소문, 추천, 유입이 점점 늘어나면서 효과를 발휘한다. 소셜 미디어를 적극적으로 가동하면 엄청나게 많은 사람이 들어오게 되고 후원이 쏟아질 것으로 생각하면 이는 착각이다. 불가능한 일이다. 기억하라. 소셜 미디어는 관계를 형성해 가는 과정이다. 시간이 걸리게 마련이다.

❸ 소셜 미디어에도 돈이 든다

대부분의 소셜 미디어 가입은 공짜다. 그래서 사람들은 소셜 미디어를 통한 마케팅 활동에는 돈이 들지 않거나 돈이 든다고 해도 미미한 비용일 거로 생각한다. 물론 대형 미디어의 광고에 비하면 확실히 적은 금액일 것이나 소셜 미디어를 계획하고 실행하는 데는 많은 시간과 노력, 그리고 비용이 소요된다. 소셜 미디어를 위해 제작하는 콘텐츠, 거기에 드는 인력의 인건비 등 사실상 그 비용이 만만치 않다.

소셜 미디어는 쌍방향의 커뮤니케이션

흔히 소셜 미디어를 그저 콘텐츠를 올리고 퍼뜨리는 수단으로 생각하는데 이는 큰 실수이다. 소셜 미디어는 상호작용에 의해 발전한다. 철저하게 독자의 반응에 응답해야 한다. 항상 모니터링하면서 포스팅한 콘텐츠에 사람들이 어떻게 반응하는지에 관심을 두어야 한다.

❶ 모든 반응에 대응하라

포스팅 내용에 대해 사람들의 반응이 다양할 것이다. 칭찬도 있고 불만도 있을 것이다. 캠페인 기간에는 가능한 모든 반응에 대응할 것을 권한다. 결국, 대화 모드로 이끌고 간다는 의지가 필요하다. 사람은 상대방이 자신의 말을 듣고 있다고 생각할 때 마음이 열린다. 사람들의 반응에 대응할 때는 가급적 그들의 생각을 이해하고 있다고 느껴지도록 진정성을 가지고 대응해야 한다.

❷ 부정적인 의견에 더욱 신경 쓸 것

부정적인 의견에 응답할 수 없다면 소셜 미디어 마케팅을 할 준비가 되어 있지 않다고 볼 수 있다. 캠페인과 관련된 나쁜 의견, 불쾌한 의견, 불만과 의혹 등을 받아들이고 대응해야 한다. 비판에 의연하게 대처해야 한다. 민감한 대응은 오히려 역풍을 받을 수 있다. 부정적인 의견도 성의껏 대응하고 절대로 부정적인 의견이라고 삭제하는 일은 없어야 한다. 부정적인 의견에 공개적으로 논리를 가지고 대응한다면 오히려 이는 긍정적인 효과로 나타날 수 있다. 그리고 불만을 제기하는 사람을 후원자로 변화시킬 수도 있다.

❸ 긍정에도 응답해야

감사의 말은 엄청난 효과를 발휘한다. 가능하면 창의력을 발휘해서 감사의 메시지에 진정성과 개성이 느껴지도록 하면 더 효과가 있다. 이러한 독특한 메시지는 사람들의 뇌리에 오래 남을 것이며 캠페인을 확산시키는데 지대한 효과를 나타낼 것이다.

다음과 같이 감사의 메시지를 남길 수 있다.

"Thank you for your feedback!"

"We appreciate for your support!"

"Thank you. You are awesome!"

"We love our customer and we value your comment."

"Your support is highly appreciated."

"It was really a pleasure hearing from you!"

"Thank you for trusting us!"

KICKSTARTER
5. 페이스북, 트위터, 인스타그램, 인플루엔서, PR 회사

페이스북 마케팅

페이스북 사용자는 17억 명 이상이다. 현재 전 세계 인구가 70억 명이라는 사실을 보면 아직 더 확장할 여지가 많긴 하지만 사실상 페이스북 개인 가입자는 이제 포화상태가 아니냐는 말이 나오고 있다. 개인들의 가입이 주춤하자 페이스북은 페이스북 페이지를 만들었다. 개인 프로필의 친구 수를 5,000명으로 제한하고 있는 반면 페이지는 제한이 없다. 많은 회사와 제품, 브랜드가 페이스북 페이지를 만들어 사람들을 끌어모으고 있다. 이를 통해 페이스북의 성장세는 멈추지 않을 것으로 보인다.

킥스타터 캠페인에서 페이스북이 차지하는 역할은 지대하다. 단일 플랫폼으로서 후원으로 연결된다는 면에서 페이스북은 타의 추종을 불허한다. 일단 캠페인 준비를 시작함과 동시에 페이스북 페이지를 만들고 각종 콘텐츠를 포스팅하고 소통하며 적극적으로 알려야 하는데, 캠페인과 직접 관련된 중요한 내용은 별도의 페이스북 광고도 해야 한다. 어떤 내용의 콘텐츠로 어떤 사람들을 대상으로 얼마나 자주 광고를 해야 하는가에 대한 사전 계획이 필요하다.

먼저, 목표로 하는 고객층Target Audience을 결정한다. 고객층은 제품의 성격과 관련 시장에 따라 결정해야 하며, 페이스북 광고 집행은 전적으로 얼마만큼 우리가 목표로 하는 고객층에 전달되느냐를 관건으로 봐야 할 것이다. 하지만 캠페인의 페이스북 광고는 일반적인 페이스북 광고와는 다르다. 킥스타터 캠페인의 1차 고객은 킥스타터에서 활동하고 있는 후원자Backer들이라는 사실을 잊지 말아야 한다. 이미 킥스타터 플랫폼에서 실제로 후원을 하고 있는 약 1,000만 명의 후원자를 대상으로 집중적인 마케팅을 해야 한다.

다음은 아동용 VR 장난감을 가지고 킥스타터에 도전했던 업체가 페이스북 광고를 위해 선정했던 목표 고객층Target Audience의 도표이다.

Age	30 ~ 45
Gender	Male
Location	The United States, England, Canada, Australia
Language	English
Behaviors	FB Payments, Kids products, Purchase habits, Travel apps

Innterest	Toys, Board Games, Technology, Travel, Smartphone
Education	College grad, High school grad, Master's degree
Relationships	Family, Marriage, Parenting, Motherhood, Fatherhood
Parents	Preschools(3~5), Early School Age(6~8), Preteens(8~12)

이 제품은 아동용이지만 목표 고객층을 30~45세의 남성 후원자들로 잡고 있다. 그들이 자신의 아이들을 위해서 이 캠페인을 후원하고 이 제품으로 아이들과 같이 즐겁고 행복한 시간을 갖는다는 컨셉의 마케팅을 펼쳤다.

페이스북 광고를 할 때는 횟수나 빈도 등도 관리해 나가야 한다. 페이스북 광고 역시 무료가 아니므로 되도록 사전에 예산을 정해서 철저하게 관리하면서 진행하여야 하며 캠페인 론칭 시점 전후와 캠페인이 종료되기 얼마 전에 가장 많은 광고를 하여 효과를 극대화해야 할 것이다. 캠페인의 사전 마케팅 기간에는 주로 캠페인을 알리는 것을 목표로 했다면 캠페인이 시작되고 나면 직접 후원을 끌어내야 한다는 좀 더 현실적인 목표를 강조해서 후원의 숫자와 금액을 늘리는 활동이 필요하다.

트위터 마케팅

페이스북과 함께 트위터 역시 킥스타터 캠페인에 있어서 중요한 소셜 미디어이다. 페이스북에 올리는 콘텐츠는 바로 트위터에도 등장하게 된다. 트위터 역시 후원을 끌어내는 것이 궁극적인 목표이긴 하지만 트위터의 마케팅 방식은 페이스북과는 다소 다르다. 트위터로는 사람들과의 관계를 통해서 가능한 많은 사람에게 캠페인이 노출하도록 한다.

트위터 마케팅의 형태는 대체로 세 가지 정도로 구분된다.
첫째, 정보 제공 기능이다.
팔로워 간의 소통보다는 캠페인과 관련된 정보를 제공하고 알린다. 소식들을 가능한 빨리 널리 알리기 위한 목적으로 단순하고 필요로 하는 정보만 효율적으로 트윗한다.

둘째, 고객 응대 기능이다.
캠페인과 관련된 각종 질문이나 불만, 요구사항, 칭찬 등에 대해 답변해주고 해결하는 커뮤니케이션 형태이다.

셋째, 공감 형성 기능이다.
단순한 정보 제공을 넘어서서 트위터 팔로워들과 적극적인 소통을 꾀하는데, 일상적인 대화는 물론 팔로워들의 정보까지 적극적으로 리트윗하고 사진 동영상을 직접 트위터 계정에 올릴 수 있도록 해서 많은 팔로워와 공감을 형성하는 것이다.

사전 마케팅 기간에는 사실상 첫 번째 정보공유의 기능이 주를 이루겠지만, 캠페인이 시작되면서 점점 후원자나 캠페인에 대한 문의에 대응하는 형태로 변화할 것이고 캠페인이 진행되면서 트위터 마케팅은 적극적인 커뮤니케이션의 형태로 발전해 나가야 할 것이다.

트위터를 통해서 후원까지 이어지려면 인내가 필요하지만, 팔로워들과 신뢰를 구축하고 캠페인의 내용을 꾸준히 트윗하면 적합한 팬층을 확보하게 될 것이고, 이것은 리트윗 등을 통한 콘텐츠 확산은 물론 캠페인 후원으로까지 이어질 것이다.

인스타그램

인스타그램의 슬로건은 '세상의 모든 순간을 포착하고 공유한다 Capturing and sharing the world's moments.'이다. 인스타그램은 사진과 동영상을 통해 소통하는 소셜 미디어로 최근 들어 주목받고 있다. 친구들과 일상을 공유하는 사진 공유 서비스로 시작해 단 2년 만인 2012년 4월 페이스북에 10억 달러에 매각되었다. 당시 종업원 수는 단 13명. 현재 인스타그램은 2017년 전 세계 가입자가 1억 명 이상을 기록할 것으로 보인다. 인스타그램은 흔히 사진 한 장으로 소통하는 SNS라고 한다. 긴 문장 대신 사진을 올리고 여기에 적절한 문구와 해시태그를 달면 된다. 이 단순한 행위가 어떻게 마케팅으로서 효과를 낼까에 대해 의심이 들 수도 있다. 하지만 인스타그램의 영향력은 막강하다. 현재 월 사용자가 5억 명을 넘어설 정도로 확장성이 빠르다.

인스타그램의 경우 페이스북과 트위터와는 별개의 접근방법이 필요하다. 마케팅에 사용하게 될 콘텐츠, 즉 인스타그램용 사진이나 동영상은 디자인에 신경을 써야 한다. 인스타그램은 캠페인의 이미지에 많은 영향을 끼치므로 사진 한 장에도 적절한 의미와 메시지를 담도록 한다. 일상적인 내용을 포스팅하는 것 같지만, 매우 상징적인 의미가 녹아나야 하는 고도의 마케팅 기법이 필요하다.

그래서 인스타그램은 후원을 직접 끌어낸다기보다는 캠페인의 전체적인 이미지를 형성하는 데 도움을 주고 좀 더 닿은 젊은 층의 관심과 공유로 이어지는 것을 목표로 한다.

인플루언서 마케팅

SNS상에서 많은 팔로워를 가지고 활동하는 사람을 인플루언서 Influencer라고 한다. 최근에는 독자적으로 활동하는 파워블로거보다는 수많은 팔로워를 거느리고 있는 SNS의 인플루언서의 활동이 두드러진다. 따라서 이런 인플루언서들과 협력하여 진행하는 마케팅이 효과적일 수 있다. 이른 시간에 캠페인과 관련된 콘텐츠를 팔로워들에게 노출할 수 있기 때문이다.

하지만 기본적으로 제품을 대놓고 홍보하는 것이 아니므로 가능하면 팔로워를 많이 확보한 페이스북 페이지 또는 트위터의 운영자에게 접촉하여 캠페인과 관련된 내용을 페이지를 통해서 소개하거나

배이글의 인플루엔서 마케팅

코멘트를 달아서 트윗하는 방식으로 이루어진다. 특히 수백만의 팔로워를 거느리고 있는 페이지나 인플루엔서의 경우 그 영향력이 매우 커서 마케팅을 하면 바로 효과가 나타나기도 한다. 그리고 이를 계기로 캠페인에 대한 관심이 엄청난 속도로 번져 나가기도 한다.

중요한 것은 어떻게든 캠페인에 걸맞은 인플루엔서를 찾는 일이다. 이를 위해서는 사전 마케팅 기간부터 지속해서 관심을 가지고 찾고 접촉을 시도하는 수밖에 없다. 미리 캠페인에 걸맞은 인플루엔서의 리스트를 확보하라고 권하고 싶다. 제품이 속한 시장과 산업에 따라 해당 분야에서 영향력과 수많은 팔로워를 가지고 있는 페이지 또는 인물을 찾아 사전에 연락을 취하고 관계를 형성하여 캠페인과 관련하여 마케팅의 협력 방안을 논의해야 하는데 사실 인플루엔서들을 설득하기 쉽지 않다. 그런 점에서는 꾸준히 공을 들이고 진정성으로 설득해야 하며 때로는 비용이 발생할 수도 있다. 이러한 인플루엔서 마케팅의 성공 요인은 과연 어떻게 인플루엔서를 설득하는 가와 인플루엔서가 얼마나 진정성 있는 콘텐츠를 만들어 올려주는가가 될 것이다.

PR 회사

PR 회사Marketing Agency는 캠페인의 PR을 담당하는 마케팅 에이전시를 말한다. 많은 업체가 자칭 크라우드펀딩 전문가라고 한다. 심지어는 저조한 캠페인을 단숨에 살려낼 수 있다고 접근하기도 한다. 캠페인이 시작되면 이러한 PR 회사로부터 수많은 연락이 올 것이다. 캠페인을 진행하면서 가장 목마른 부분이 바로 캠페인이 미디어에 노출되는 것이다. 이 부분은 아무리 노력을 해도 쉽지 않은 부분이다. 물론 PR 회사들 역시 미디어 노출을 보장하지 않고 보장할 수도 없다. 미국의 미디어는 기사의 게재나 편집의 권한이 에디터Editor라 하는 편집인의 고유권한이다. 권위 있는 미디어일수록 에디터의 권한은 절대적이다. PR 회사가 미디어의 기사화를 장담할 수 없다는 것이다. 물론 전체적인 마케팅에 관련하여 전략적인 조언과 도움을 줄 수는 있지만, 비용이 만만치 않다. 특히 그 효과가 후원으로 이어진다는 보장이 없으므로 신중하게 결정해야 한다.

CROWDFUNDING KICKSTARTER

10장
캠페인의 운영 및 관리

KICKSTARTER

1. 대시보드와 킷트랙

캠페인이 시작되면 마무리까지 적극적이어야 한다. 캠페인 내내 적극적인 마케팅을 하고 여러 가지 홍보 활동을 하게 되는데 캠페인의 컨셉은 물론 마케팅 활동이 어떻게 효과를 발휘하는지 알기 위해 다각적인 방법으로 캠페인을 평가하고 분석하여야 한다. 캠페인 중에 마케팅에 여러 가지 변화를 주거나 새로운 기법을 추진해 볼 수 있을 것이다. 캠페인은 생명체와 같아서 기간 내내 살아 움직이고 그 안에서 활발한 활동이 이루어질 수 있도록 지속적인 관리를 해 나가야 한다.

캠페인을 운영하고 관리하는 것을 온라인상에서 할 수 있도록 만들어진 솔루션들이 있다. 킥스타터가 사이트를 통해서 자체적으로 제공하는 여러 가지 유익한 분석 자료들도 있고 별도로 운영되는 사이트를 통해서도 캠페인과 관련된 분석자료를 볼 수 있다.

킥스타터 대시보드

킥스타터 대시보드 Kickstarer Dashboard는 캠페인의 충괄적인 운영내용을 한 눈에 볼 수 있도록 킥스타터가 제공하는, 캠페인 전체 요약 그래픽이다. 캠페인의 메뉴 바 Navigation Bar를 통해서 볼 수 있다. 일종의 캠페인의 상황판이라고 볼 수 있는데 지금까지 펀딩된 금액은 물론 목표 금액 대비 펀딩 비율, 현재까지의 후원자 Backer의 숫자 그리고 남은 기간 등이 명시된다. 또한, 대시보드는 그래프를 통해서 일목요연하게 현재까지의 상황을 볼 수도 있고, 펀딩이 늘어나는 속도도 볼 수 있다. 즉 추진하고 있는 마케팅 활동과 펀딩의 증가 상황을 연결해서 볼 수 있으므로 마케팅의 효과를 확인하는데 좋은 자료가 된다.

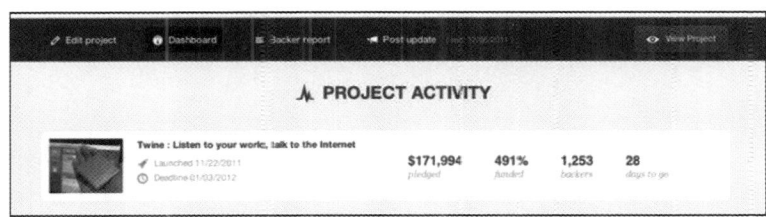

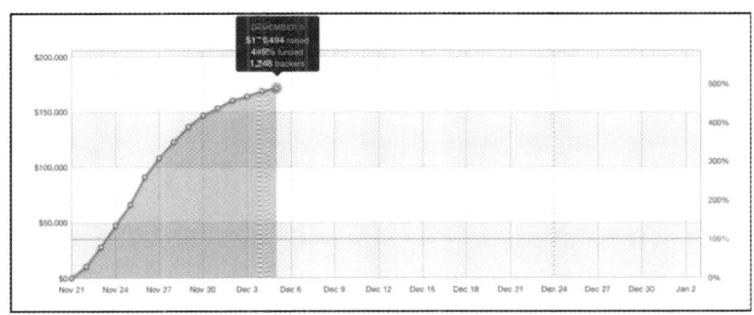

킥스타터 대시보드

Referrer	Type	# of Pledges	% of Dollars	Dollars Pledged
Direct traffic (no referrer information)	External	216	20.85%	$30,826.50
Twitter	External	86	7.45%	$11,007
Engadget.com	External	83	8.09%	$11,952
Search	Kickstarter	79	7.49%	$11,086
Techcrunch.com	External	75	6.65%	$9,830
Technology Category Page	Kickstarter	70	6.43%	$9,504
Embedded Project Video	Kickstarter	62	4.74%	$7,000.11
Supermechanical.com	External	46	4.13%	$6,111.01
Facebook	External	46	3.74%	$5,321
Google.com	External	40	3.85%	$5,684.99
News.ycombinator.com	External	32	3.42%	$5,055
Theverge.com	External	29	3.09%	$4,563

후원자 유입 경로에 관한 정보 제공

대시보드가 제공하는 내용 중에 가장 강력한 것은 후원이 어떤 채널을 통해서 이루어지는가를 알려 주는 것이다. 대시보드는 캠페인 후원 경로 중 상위 25개의 경로를 세부 정보와 함께 볼 수 있도록 제공하고 있다. 캠페인 중에 여러 경로에 마케팅 활동을 펼치면서 가장 궁금한 것이 후원자들이 이 캠페인을 어떤 경로를 통해 알게 되는지, 그리고 마지막으로 후원이 이루어지는지 여부인데 이 정보를 제공하는 것이다.

후원자의 유입정보는 일반적인 트래픽, 즉 캠페인 사이트를 보거나 문의한 내용만을 기준으로 한 것이 아니라 직접 후원이 이루어진 것을 기준으로 한다. 후원자는 킥스타터 사이트에 직접 들어와서 후원한 경우와 외부의 다른 채널을 통해서 들어온 것External으로 구별되어서 앞으로 진행될 마케팅에 있어서 어느 채널이 효과가 있는지를 알 수 있는 좋은 자료가 된다.

대시보드는 또한 좀 더 심층적인 분석자료도 제공한다. 가장 많은 숫자의 후원이 이루어진 보상금액에 대한 정보도 그래프로 알려 주고, 금액도 직접 명시해서 가장 빈도수가 높은 보상금액을 알 수 있도록 해 준다.

대시보드는 처음에는 블로그 형태로 운영되었다. 지금은 가장 널리 쓰이는 킥스타터 캠페인의 운영 솔루션으로, 캠페인을 쉽게 분석할 수 있는 좋은 정보를 제공하고 있다.

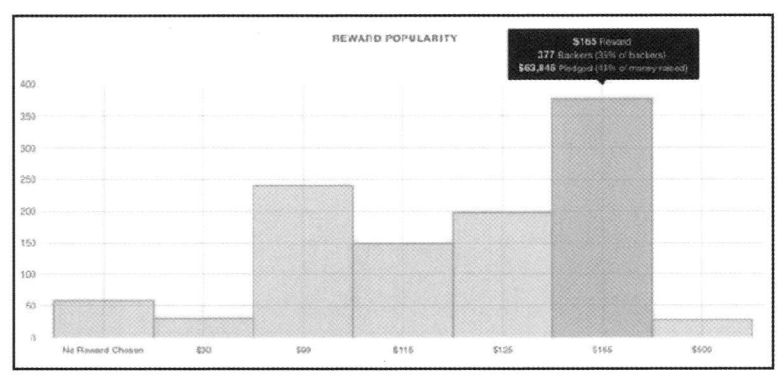

후원 금액의 빈도수에 관한 정보 제공

킥트랙

킥트랙 www.Kicktraq.com을 통해서 캠페인에 대한 다양한 정보와 기본적인 통계자료를 실시간으로 접할 수 있다. 또한, 이 정보를  통해서 캠페인의 진행 상황뿐 아니라 앞으로의 진행에 대한 전반적인 내용을 예측할 수 있다. 킥트랙은 아담 클락$^{Adam\ Clark}$이라는 데이터 분석 전문가가 만들었는데, 자신이 관심을 가지고 후원했던 캠페인을 분석해 보기 위해 만들었던 프로그램을 무료로 사용할 수 있도록 한 것이다. 지금은 캠페인 진행자 대부분이 사용하는, 가장 널리 쓰이는 캠페인 분석 도구가 되었다.

킥트랙 사용은 매우 간단하다. 킥트랙 웹사이트에 킥스타터에서 진행 중인 캠페인의 명칭을 기재하면 관련된 각종 데이터를 제공한다.

킷트랙 웹사이트

킷트랙에서는 일단 캠페인의 현재 진행 상황을 미니차트 Kicktraq Mini Chart 를 통해서 간편하게 알려 준다. 미니차트는 간단한 기본 정보를 제공한다.

킷트랙은 또한 킥스타터 대시보드에서 제공하는 데이터보다 더 세부적인 데이터를 다른 방식으로 제공한다. 그중에서도 펀딩의 진행 상황을 전체적으로 알려 주는 '펀딩 프로그레스 Funding Progress'와 펀딩의 후원자와 상황을 일별로 알려 주는 '일별 약정&후원자 Pledges & Backers By Day'가 유용하다. 또 중요한 한 가지는 현재까지 추세를 분석해서 앞으로의 캠페인을 예측해 볼 수 있다는 것이다. '캠페인 프로젝션 Campaign Projection' 기능인데, 이 기능을 통해 캠페인의 성공 여부는 물론 펀딩의 추세까지 알 수 있다. 일단 캠페인 전망이 가능해지면서 캠페인 후원의 가속을 높이기 위한 마케팅에 더욱 힘을 쏟을 수 있다.

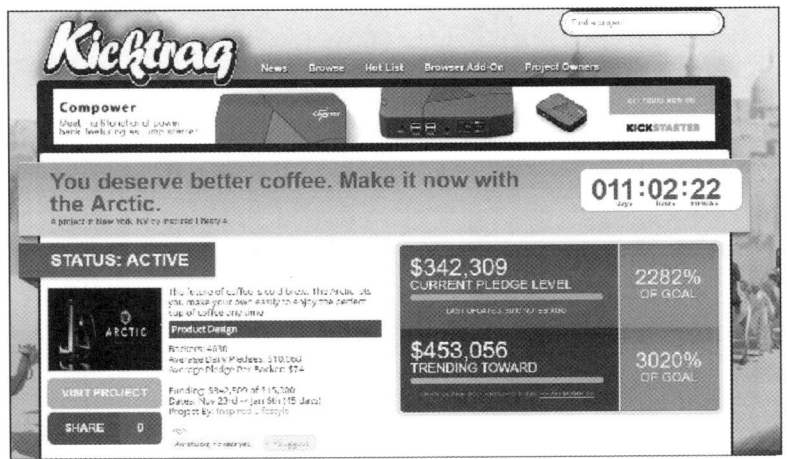

펀딩 프로그레스와 일별 약정에 관한 정보 제공

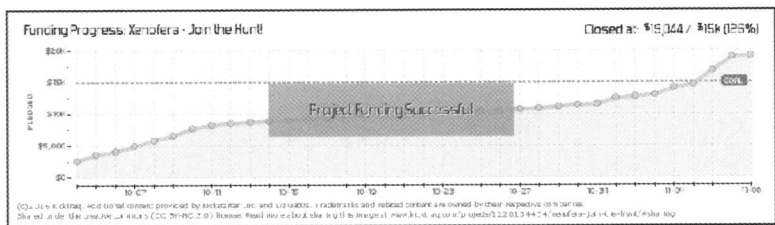

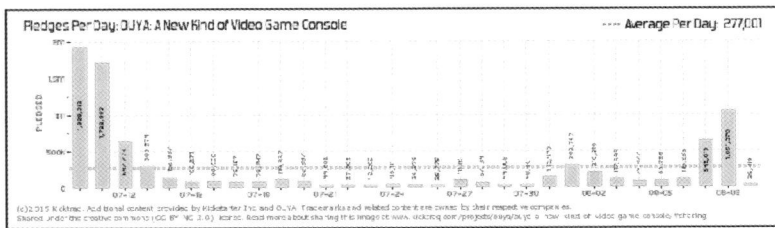

킥트랙 미니차트

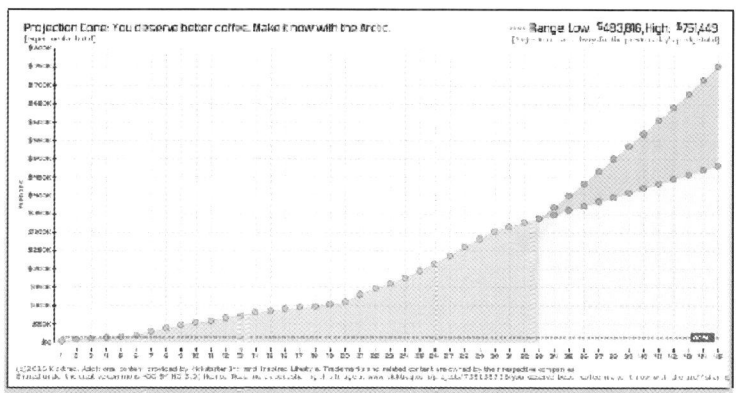

캠페인 전망에 관한 정보 제공

그뿐만 아니다. 캠페인의 전체적인 진행유형Trend에 관한 정보를 알 수 있게 된다. 이러한 정보는 후원의 일별 관리는 물론, 전체적인 유형을 분석하고 예상해서 캠페인 자체의 후원이 가속도가 붙을 수 있도록 여러 가지 조처를 하고 마케팅 활동에 변화를 주도록 한다.

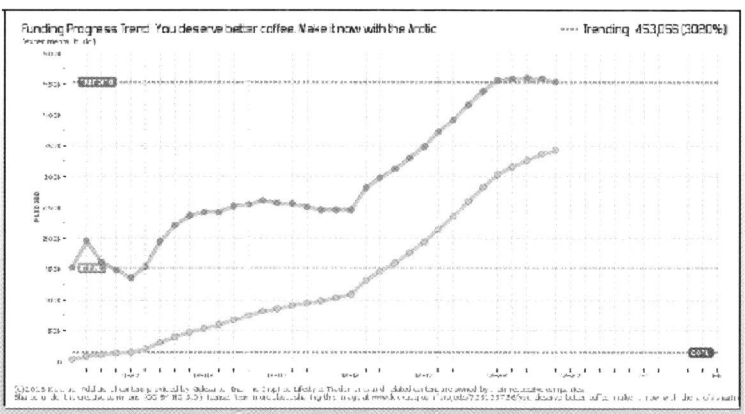

캠페인 진행유형에 관한 정보 제공

KICKSTARTER

2. 후원자 관리

킥스타터 캠페인 운영에 있어서 가장 중요한 것 중 하나가 바로 후원자 관리 Backer Management이다. 킥스타터 캠페인은 캠페인의 후원자 Backer들이 주요 대상이다. 킥스타터에서 활동하고 있는 '후원자 그룹 Backer Group'에만 전 세계 약 9백만 명이 넘는다고 한다. 캠페인이 시작되면 그들의 후원이 시작된다. 캠페인의 성공을 위해서는 이들의 후원과 함께 적극적인 홍보가 절대적으로 중요하다.

캠페인 후원을 한 후원자 아니면 적극적인 관심이 있는 잠재 후원자들에 대한 관리가 무엇보다도 중요하다. 이미 후원을 한 후원자의 경험은 곧 반응으로 이어지는 데 이는 그들 주변 인물들에게 캠페인을 적극적으로 홍보하는 계기가 될 수 있다. 따라서 그들에게 보내는 감사의 메시지는 물론 캠페인과 관련된 내용을 친절하게 알려주어야 한다.

캠페인에 관심이 있는 잠재적인 후원자들 역시 캠페인의 후원에 가장 근접해있다고 해도 과언이 아니다. 잠재 후원자란 한 번이라도 캠페인에 대해 질문 또는 코멘트를 했던 사람들을 말한다. 그들이 보내는 질문이나 문의 사항 등에 대해 적절하게 응답하고 성의껏 대응해서 결국 후원으로 이어지도록 해야 한다. 새로운 마케팅 활동도 중요하지만, 관심이 있는 잠재 후원인들을 관리해서 캠페인에 대한 좋은 인상을 받도록 해야 한다. 특히 부정적인 내용의 코멘트나 질문에 대해서는 더욱 적극적인 자세로 대응할 것을 권한다.

✽ www.backerclub.com
Backer들을 회원으로 보유하고 있는 Backer Club에 대한 마케팅으로 $379를 지급하면 회원들을 상대로 캠페인을 노출하고 홍보한다. 단, 회원들에게는 특별가격을 적용해 실제 캠페인에서 할인된 금액으로 후원할 수 있도록 한다.

KICKSTARTER

3. 특별히 선정되기

킥스타터는 진행 중인 캠페인을 다양한 방법으로 보여준다. 그중에서 일정한 기준에 해당하거나 킥스타터 운영진이 직접 선정해^{Featured} 별도로 홍보하는 경우가 있는데 이런 때 뽑히게 되면 전체적인 캠페인 펀딩에 큰 도움이 된다.

운영진 선정

운영진 선정^{Staff Picks}은 이미 시작한 캠페인 중에 킥스타터의 운영진이 그 내용을 살펴보고 흥미롭다고 생각되는 캠페인을 선정해서 적극적으로 노출해주는 것을 말한다. 중요한 것은 이렇게 선정되는 데 있어서 별도의 정해진 기준이 없기 때문이다. 동영상이 가장 중요한 요소라고 알려져 있는데 이는 수많은 캠페인을 다 둘러볼 수 없으므로 주로 동영상으로 판단한다는 것이다. 운영진이 결정하는 사항이기에 지속해서 운영진과 커뮤니케이션한다면 좋은 결과를 얻을 수도 있다.

가장 인기 있는 캠페인으로 선정되기

킥스타터에서 캠페인을 진행하면서 일정 기간에 새로 생기는 후원자의 수 또는 후원 금액 등을 따져 가장 유명한 캠페인이란 뜻의 '모스트 파퓰러Most Popular' 페이지에 캠페인을 올리는 경우이다. 캠페인을 시작하는 초기에 주변의 친지나 친구들의 후원을 일정 시간에 몰아서 받아 후원을 집중시키는 것이 '모스트 파퓰러' 페이지에 오르는 하나의 방법이 될 수 있다.

CROWDFUNDING KICKSTARTER

11장
킥스타터와 미디어

KICKSTARTER
1. 미디어에 기사화 되기

미디어가 킥스타터의 캠페인에 끼치는 영향은 지대하다. 미디어는 마치 요술 방망이처럼 캠페인에 엄청난 활력을 불어넣을 수 있다. 특히 영향력 있는 테크미디어에 캠페인 또는 제품이 기사화되기는 쉽지 않은 일이다. 캠페인 그 자체가 독자들에게 얼마만큼 흥미를 불러일으킬 수 있을까 또는 유익한 정보인가가 절대적인 기준이 된다. 즉, 뭔가 관심을 끌 만한 요소가 있어야 한다는 것이다. 그러나 유익하고 관심을 끌 만하다고 해서 캠페인의 기사화를 확신할 수는 없다.

미디어 중에 수백만 명의 독자를 거느린 권위 있는 미디어의 경우 까다로운 과정을 거치게 된다. 중요한 것은 미디어의 기사화는 전적으로 기자^{Reporter} 또는 편집인^{Editor}의 고유권한이라는 것이다. 하지만, 캠페인에 내놓은 제품이 혁신적이고 희소성이 있다면 미디어의 기사화를 시도해볼 수는 있다. 다음과 같이 해본다.

첫째, 가능한 미디어의 기자와 편집인의 리스트와 컨택 정보를 많이 확보하여 그들과 관계를 수립하고 유지하며 꾸준히 캠페인에 대해 알리는 활동을 한다. 미디어 관계자들은 여러 채널을 통해서 만날 수 있다. 각종 컨퍼런스나 전시회 등에서, 그리고 스타트업 또는 크라우드펀딩 관련 모임과 세미나에서 언제나 미디어 관계자를 만날 수 있다. 가능하면 대형 행사에 참여 또는 참관하면서 킥스타터가 예정되어 있거나 진행 중이라면 이러한 행사에서 일단 미디어 관계자와 관계를 맺겠다는 생각으로 임할 것을 권한다. 그리고 일단 기자 또는 편집인의 이름과 연락처를 알게 되면 바로 그들의 소셜 미디어 페이지를 통해서 그들과 소통을 시작해야 한다. 개인적으로 그들과 친해지고 관계를 돈독하게 만들기를 권하는데 이는 그들의 페이지를 달

캠페인에 영향을 줄 수 있는 미디어들

제11장 킥스타터와 미디어   223

로우하는 것은 물론 포스팅하는 코멘트, 기사, 사진 등에 좋아요 및 댓글을 달고 콘텐츠를 확산시키면서 좀 더 적극적으로 관계를 만들어 나가는 노력을 기울여야 한다.

미디어의 경우 실시간 현장 기사가 아닌 기획 기사는 사전에 어느 정도 계획을 해서 기사화하는 경우가 많다. 따라서 캠페인을 시작하고 나서 이메일 등으로 연락을 취해서 캠페인을 기사로 내 달라고 요청하는 것은 다소 무모하며, 그런 경우 기사화될 확률은 몹시 낮다고 본다. 사전에 관계를 수립하고 진행 중인 캠페인에 대해 알리고 이와 관련해서 각종 자료 또는 시제품을 보내서 기사화할 수 있는 충분한 자료와 근거를 제공해야 한다. 미디어를 통한 기사화는 혁신적인 제품은 물론 이렇게 공을 들일수록 확률이 높아진다.

킥스타터 관련 미디어 사이트

미국에는 수많은 미디어가 활동 중이다. 킥스타터에 영향력이 있는 테크미디어 중에는 전 세계에 걸쳐 수백만 명의 독자를 거느리고 있는 미디어들이 있다. 이렇게 1급 Top Tier에 속하는 미디어는 그 영향력이 막강해서 한번 기사화되면 그 파급력 때문에 캠페인의 후원도 급속도로 증가한다. 그만큼 기사화되기도 쉽지 않다. 특히 테크놀로지 카테고리에 속한 캠페인의 경우는 이러한 영향력 있는 미디어의 기사화가 되면 성공적으로 펀딩을 거의 확신할 수 있다고 알려져 있다.

이 밖에도 크그 작은 일반 테크미디어가 날마다 기사를 쏟아 놓고 있는데 이런 일반 테크미디어의 경우 자체적으로 기사를 제작해서 보도하기도 하지만 1급 미디어들의 기사를 재생산하거나 업체들이 발표한 보도자료를 기사화하기도 한다. 미디어는 단지 보도를 위한 기관만을 말하는 것이 아니다. 사람들이 정보를 접하는 블로그, 소셜 뉴스 사이트, 페이스북 페이지 등 여러 가지 매체를 포함한다.

- 1급 테크미디어 Top Tier Tech Media

    CNET   Tech Crunch   The Verge
    Mashable   Wired

- 일반 테크미디어 General Tech Media

    Venture Beat   Gigaom   Webware
    Tech Land   Slash Dot   Center Network
    Boingboing   Techdirt   Technologizer
    Daily Tech   Techweb   Killer Startups
    Site Point   Tech Vibes   Network World
    Infoq   Building 43   Tech Republic
    X Company   Splatf   Silicon Angle
    Beta Beat   I4U News   Gizmo Editor
    Slash Gear   Gizmag   Geeky Gadgets
    Engadget   Readwriteweb   Examiner.com
    Tech.li   Geek Wire   Tech Cocktail
    Medacity

- 킥스타터 블로그

    Buffer Social   Reddit Thread   Tech Fact
    Art Technica   The Next Web   Bits
    Mobile Syrup   Scatter Tech   Wired"s Gadget Lab
    Into Mobile

- 소셜 뉴스 사이트

    Digg.com   Meta Filter   Fark.com
    Mixx.com   Dzone.com

- **Facebook Group**

    Kickstarterforum.org

    Crowdfunding Production

    Kickstarter & Indiegogo Worldwide Community Group

    Kickstarter & Indiegogo Projects Group

KICKSTARTER

2. 미디어 키트와 미디어 인터뷰

미디어 키트

미디어에 발표하는 자료는 단지 일방적인 발표자료에 그치지 않는다. 내용의 세부적인 설명을 위해서 여러 가지 방법을 통해서 자료를 확보하고 준비해 놓아야 한다. 미디어는 관심을 두기 시작하면 여러 가지 자료를 요구하고 더 나가서 추가 보완자료는 물론 인터뷰까지 요구할 수도 있다. 따라서 이러한 여러 가지의 자료를 사전에 확보하고 준비해 놓아야 한다. 이것이 바로 미디어 키트 Media Kit / Press Kit이다. 키트를 만들어 놓고 필요할 때마다 관련 자료를 확보해 사용하면 된다. 미디어 키트에는 다음과 같은 내용이 포함된다.

- 보도자료

보도자료 Press Release는 캠페인의 시작을 알리는 것으로 시작한다. 그 내용은 캠페인에서 후원을 원하는 제품에 대한 설명은 물론 캠페인의 미션과 비전 등을 명시하게 된다. 이러한 보도자료는 미국 내 수많은 크고 작은 미디어에 전달된다. 그러나 기사화되는 것은 미디어 자체의 결정이다. 따라서 보도자료의 발표와 미디어에서의 기사화는 별도의 사안이다. 일부 마케팅 에이전트가 보도자료 발표를 가지고 "900여 개의 미디어에 전달되었다"라고 하는 것은 사실상 단순 전달이라는 점을 알아야 한다. 보도자료는 단지 캠페인의 시작을 알리는 것뿐만이 아니라 각종 중요한 소식 또는 뉴스거리를 보도자료 형태로 발표하는 것이다. 따라서 만일 강력한 뉴스거리가 있다면 보도자료를 만들어 발표하는 것도 좋다. 물론 보도자료를 너무 자주 발표하면 그 효과가 반감된다.

- 제품 이미지

가능하면 제품의 이미지, 즉 제품 사진은 전문적으로 찍어서 확보하는 것이 좋다. 제품의 사진이 미디어에 노출되기 시작하면 그 사진과 기사는 급속도로 퍼지고 그 이미지는 영원히 남게 된다. 따라서 여러 가지 각도로 제품의 사진을 확보하고 동영상 역시 미디어용으로 쓸 만한 것은 미디어 키트에 별도로 확보해 놓아야 한다.

- 연락처

관심 있는 미디어 또는 블로그 운영자가 추가 정보를 요청할 수 있는 미디어 담당자의 연락처 Contact Information를 말한다. 미국 내 현지 전화번호와 이메일 주소를 제공하는데, 가능하면 여럿이 아니라 한 사람의 연락처를 공개해서 여러 문의 내용을 일관성 있게 처리하도록 한다.

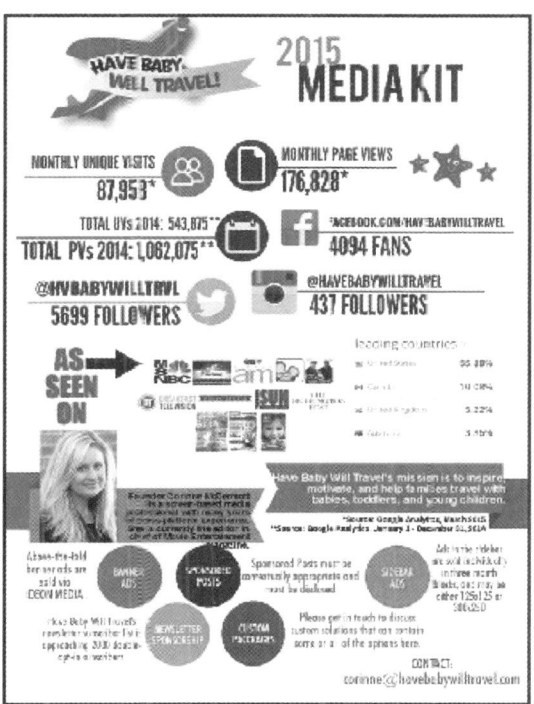

미디어 키트

- 온라인 브로셔

1p 정도로 캠페인과 제품에 대한 홍보자료 또는 온라인 브로셔를 만들어 두고 일반적인 문의사항에 대해서는 이를 보내주면 좋을 것 같다. 일단 자료요청이 들어오면 빨리 대응하는 것이 좋다. 새로 제작해서 시간이 걸리거나 우왕좌왕하지 말고 먼저 기본적인 간단한 브로셔를 보내주고 추가 문의를 기다리면 그에 따라 대응하면 된다.

- 사용자 경험담

사용자 경험담User Testimonial은 어쩌면 가장 강력한 마케팅 도구일 것이다. 경험담은 사용자가 한 말을 인용하는 형식인데 사용자의 인적인 상황과 제품에 대한 개인적인 의견을 간단하게 명시하면 된다. 긍정적인 경험담은 많을수록 좋다.

사용자 경험담

- 각종 링크

웹사이트와 각종 소셜 미디어의 계정을 개설하고 연결되는 링크Links를 명시한다.

미디어 인터뷰

캠페인을 진행하다 보면 미디어에서 인터뷰 요청이 들어올 수 있다. 인터뷰의 경우 세심한 주의를 기울여야 한다. 인터뷰를 요청하는 기자들의 경우 호의를 가지고 인터뷰를 요청하는 경우도 있지만, 캠페인에 대해 좋지 않은 의도를 가지고 인터뷰를 요청하는 경우가 있다. 따라서 인터뷰 요청에 응할 때는 해당 미디어를 사전조사하고 원하는 인터뷰 내용 등을 사전에 문의하고 준비하는 것이 좋다. 인터뷰는 사실 미디어에 노출되는 좋은 방법이기는 하지만 자칫 주의를 기울이지 않으면 예상하지 않은 상황이 벌어질 수 있다. 또한, 일부 사이비 미디어들이나 마케팅 업체들이 인터뷰를 하고 비용을 요구하는 경우도 있으니 주의를 기울여야 한다.

CROWDFUNDING KICKSTARTER

12장
캠페인의 마무리

KICKSTARTER

1. 캠페인 후반 마케팅

6주에서 8주간 주어진 캠페인의 시간이 지나가면 마무리 및 후속 조치를 해야 한다. 끝까지 긴장을 늦추지 않고 한 사람의 후원인이라도 더 참여시키기 위한 노력을 해야 하는데 캠페인이 막바지로 가면서 성공적인 캠페인은 물론, 동력이 떨어진 캠페인, 실패가 예상되는 캠페인을 위해서 최선을 다하고 마지막 승부수를 띄워야 한다.

캠페인은 시간이 지나면 종료되고 펀딩은 성공과 실패로 결과가 나올 것이다. 하지만 중요한 것은 목표한 펀딩이 성공했다 할지라도 끝이 아니라 시작이라는 것이다. 펀딩 종료와 동시에 제품 제조, 양산 그리고 포장 및 배송까지 많은 숙제가 남는다. 짧은 시간에 제품 개발을 마무리하고 생산까지 하는데 엄청난 열정과 노력이 필요하다. 펀딩에 성공하고도 제품 배송에 실패하는 경우가 있다. 킥스타터 펀딩의 종료는 새로운 시작이다.

마지막 한 수

킥스타터 캠페인이 종료가 가까운 시점, 즉 종료 1주일 전쯤 되면 그야말로 마지막 힘을 쏟아부어야 한다. 지지부진한 캠페인은 물론 잘 되고 있는 캠페인도 마지막까지 긴장의 끈을 놓지 말고 단 한 사람이라도 후원을 더 할 수 있도록 캠페인을 알리는 활동을 해야 한다. 후반에 후원 속도가 급격히 떨어진 캠페인이나 목표한 펀딩금액이 채워지지 않아서 노심초사하고 있는 캠페인의 경우에는 강력한 최후의 마케팅을 펼쳐나가야 한다.

다음은 캠페인의 후반에 할 수 있는 몇 가지 마케팅 방법이다.

- **캠페인 기한에 대한 압박**

사람들에게 캠페인이 얼마 남지 않았다는 메시지를 보내는 것이다. 이메일의 경우 이제 캠페인이 며칠 남지 않았으니 끝나기 전에 캠페인을 후원해 달라고 해브고 페이스북을 비롯한 각종 소셜 미디어에도 캠페인이 끝나가니 좋은 기회를 놓치지 말라는 메시지를 띄운다.

- **이미 후원한 후원자들에게 호소**

이미 후원한 후원자들은 캠페인이 실패로 끝나는 것을 원하지 않는다. 그들에게 캠페인이 살아남아 펀딩에 성공하기를 아니면 좀 더 높은 금액으로 성공하기 위해 주변에 캠페인을 홍보해 달라고 호소한다. 때로는 이 방법을 통해서 적극적인 마케팅이 이루어지고 단기간에 많은 후원이 이루어지기도 한다.

누누로VR의 킥스타터 캠페인 홍보용 엽서

- 이벤트

오프라인 이벤트를 열어서 한 사람 한 사람 직접 호소하는 방법이다. 쇼핑몰이나 사람들이 모이는 곳에서 제품을 경험할 기회를 주거나 사람들이 많이 모이는 곳에서 작은 엽서 형태의 브로셔를 만들어 직접 돌려보는 방법이다. 특히 제품과 관련된 전시회 등에서 직접적인 대면 홍보를 한다면 때로는 의외의 효과를 발휘하기도 한다.

- 스트레치 골

스트레치 골Stretch Goal은 캠페인의 펀딩이 일정한 액수의 금액에 도달하면 무언가 새로운 것을 추가로 제공하거나 새로운 추가 기능을 개발에 넣겠다는 것을 공언하는 것이다. 즉 펀딩금액을 더욱 달성할 수 있게 후원을 늘려달라는 호소의 한 방법으로 후원자들에게 인센티

브를 제공하는 것이다. 예를 들면 "펀딩금액이 10만 달러를 넘어서면, 제품의 케이스를 추가로 제공할 것이다." 또는 "펀딩금액 5만 달러를 달성하면 개발 중인 게임의 단계를 8단계에서 10단계로 늘려서 출시하겠다." 등으로 후원자들을 자극해서 후원이 더 늘어나도록 하는 것을 말한다.

한 가지 주의할 점은 스트레치 골을 만들어 발표할 때 향후 스트레치 골에서 공언한 추가제품이나 기능의 제공이 실제로 가능한가 그리고 스트레치 골을 위해 추가로 들어가는 시간과 비용을 신중하게 따져 보라는 것이다. 펀딩금액을 위해서 무모하게 스트레치 골을 남발하게 되면 펀딩 종료 후 여러 가지 비용으로 인해 결국 후회를 하는 경우가 생긴다.

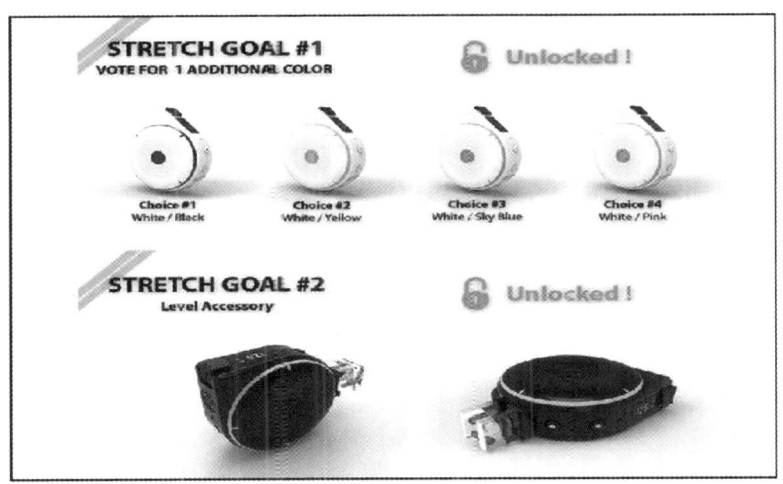

배이글의 스트레치 골

제12장 캠페인의 마무리 237

2. 캠페인을 끝까지 계속할 것인가

실패할 것인가, 중단할 것인가?

캠페인의 약속된 시간이 끝나가면 펀딩 금액도 윤곽을 드러낸다. 이 순간이 되면 캠페인을 진행하고 있는 팀원들에게는 약간의 혼란스러운 시간이 다가온다. 펀딩이 제대로 이루어지지 않는 캠페인의 경우, "실패한 캠페인Funding Unsuccessful"이 될 것인가, 아니면 "중단된 캠페인Funding Canceled"이 될 것인가 하는 것이다. 물론 캠페인은 일단 한번 시작되면 킥스타터 사이트에서 사라지지 않는다. 하지만 캠페인이 공식적으로 종료되기 전에 중요한 의사결정을 해야 한다. 물론 캠페인을 시작하면 성공해야 한다. 그러나 어쩔 수 없이 펀딩에 실패하는 경우도 있다. 사실상 실패이건 중단이건 펀딩된 금액을 한 푼도 받을 수 없다.

마지막 순간까지 최선을 다했지만, 목표한 금액이 미치지 못할 것으로 판단되면 팀원들과의 협의를 거쳐서 캠페인을 중단할 것인지 아니면 실패하더라도 끝까지 진행할지 결정해야 한다. 아마도 캠페인의 종료되는 시간의 하루 드는 이틀 전이 될 것이다.

차라리 중단하는 것이?

그렇다면 펀딩에 성공한 캠페인의 경우는 어떨까? 목표한 펀딩 금액을 훌쩍 넘어서 예상 이상의 결과를 얻어낼 수 있으면 더할 나위 없이 좋을 것이다. 하지만 목표 금액을 겨우 넘어서는 경우가 생기는데 이렇게 되면 펀딩을 성공하더라도 그 금액을 가지고 제품을 제조해 배송할 수 있을까 하는 고민을 하게 된다.

킥스타터는 크라우드펀딩을 위한 플랫폼이다. 하지만 생각했던 제품을 제조하는 것은 현실적으로 쉽지 않다. 특히 하드웨어의 경우 막대한 자금이 소요되는 경우가 많은데 이를 위해 어느 정도 규모가 있는 펀딩이 되지 않으면 자칫 목표한 펀딩을 이루고도 제조를 포기해야 하는 경우가 발생할 수 있다. 만일 다른 방식의 펀딩 방법이 있다거나 보유한 자금력이 있으면 문제는 달라지지만 전적으로 킥스타터 펀딩에만 의존하여 제품을 생산해야 할 경우에 펀딩이 이루어진 금액에 대해서 심도 있게 따져봐야 한다. 즉 펀딩에 성공하고도 배송에 실패하는 경우를 대비해야 한다는 것인데. 차라리 그것보다는 제조를 위해 생각해놓은 펀딩 규모를 달성할 수 없을 경우, 그리고 생2-

해 놓은 복안이 없을 경우 캠페인 자체를 중단하는 것도 방법이 될 수 있다는 것이다.

또 다른 크라우드펀딩을 이어서

물론 킥스타터에서 펀딩에 성공하고 나서 다시 인디고고^{Indiegogo}를 통해서 캠페인을 계속 이어나갈 수도 있고 또는 국내에서 다시 한번 크라우드펀딩을 통해서 전체적인 펀딩 금액을 늘려나갈 수 있다. 유통망을 통해서 선주문을 받을 가능성도 있다. 하지만 펀딩이 공식적으로 종료되기 전에 다시 한번 생각할 기회가 있고 현실적인 문제를 생각해 볼 것을 권한다.

감사의 메시지

킥스타터 캠페인은 단지 돈을 모으려는 목적은 아닐 것이다. 후원자들은 캠페인을 고안하고 추진한 사람의 아이디어만을 믿고 얼마가 됐든 투자를 해준 고마운 사람들이다. 후원자들에게는 고마움을 표시해야 한다. 이는 캠페인의 목표 금액이 달성해도 안 해도 마찬가지이다. 캠페인이 종료되면 감사의 메시지를 보내도록 한다. 후원자들은 가장 강력한 미래의 잠재고객이라는 것을 명심해야 한다. 메시지는 간결하지만 개인적인 감정이 느껴지도록 하는 것이 좋으며 "당신 때문에 모든 것이 가능해졌다!"는 메시지가 포함되도록 한다.

"We can't thank you enough
for all of your generous support, enthusiasm, and passion
for our Kickstarter Campaign."

이메일과는 별도로 소셜 미디어에서도 후원자들에게 감사의 뜻을 전달한다. 감사의 뜻을 개별적으로 전달하는 방법의 하나는 그들의 이름을 명시해 주는 것인데 웹사이트 또는 페이스북에 모든 후원자 이름을 나열해 보는 것도 좋은 방법이다.

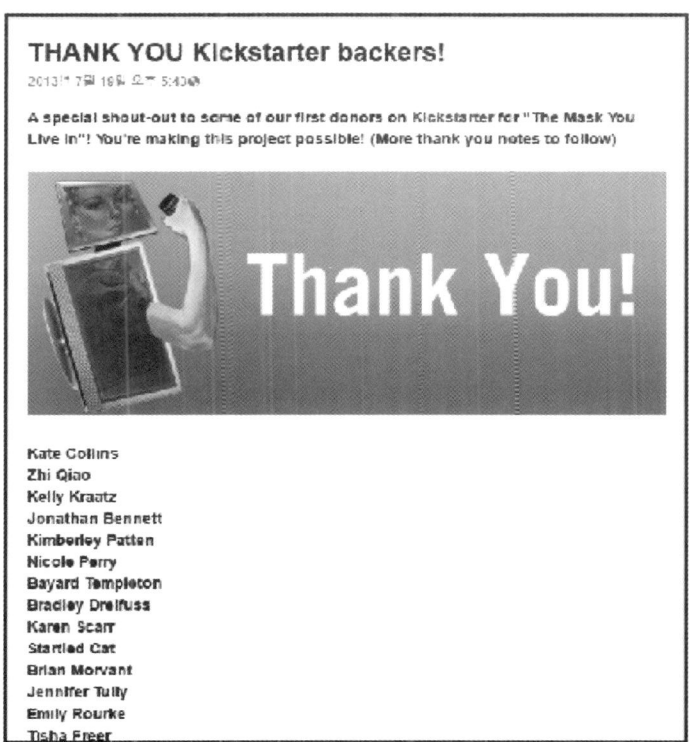

감사 메시지

KICKSTARTER

3. 캠페인 종료 후 배송까지

성공적으로 펀딩 받고 캠페인을 잘 마쳤어도 제품을 만들어 배송할 때까지 긴장의 끈을 놓을 수 없다. 그리고 지속해서 후원자들에게 정보를 제공하고 그들의 반응을 관리해 나가야 한다.

진행 상황 공유

이제 제품 개발을 완료하고 제조하여 완제품을 배송해야 하는데 이런 개발, 제조, 배송 일정 등에 대한 정보를 후원자들과 공유해야 한다. 이 과정에서 여러 가지 상황이 발생할 수 있다. 특히 제품 생산과 관련해서는 예측하지 못하는 상황이 발생하게 되는데 배송지연으로 이어질 경우 그 내용을 후원자들에게 잘 설명해야 한다. 배송지연은 후원자들에게 매우 민감한 사항이다. 배송지연 사유가 성의 없는 핑

계라는 인상을 주게 되면 후원 취소의 원인이 되기도 하고 여러 가지 불평과 불만을 일으킬 수 있으므로 생산 관련 진행 상황과 배송지연의 사유는 자세한 내용과 사진 등을 첨부해서 이해와 양해를 구해야 한다. 열심히 노력 중이라는 인상을 주어야 한다. 이뿐 아니라 다른 진행 상황을 적극적으로 공유해서 후원자들이 향후 고객으로 자리를 잡을 수 있도록 해야 한다. 특히 배송이 시작되었다는 등의 좋은 소식이 있다면 킥스타터 게시판을 통해서 알려야 한다.

캠페인 관련 소식의 공유는 배송할 때까지 2주에 한 번, 최소한 한 달에 한 번 정도 해 주는 것이 좋으며 후원자들로부터 전달되는 각종 질문 또는 피드백들은 실시간으로 응답하는 노력이 필요하다.

■배송 시작을 알리는 베이글

펀딩 금액 지급

캠페인의 펀딩이 끝나면 펀딩된 금액이 은행 계좌로 입금되는 데는 약 2주 정도의 시간이 소요된다. 킥스타터는 후원자들의 신용카드에 후원금을 청구하고 금액을 모아 캠페인 개설 시에 지정한 은행 계좌로 입금해준다. 하지만 계좌에 찍히는 금액은 캠페인 상에 명시된 금액보다 적은데, 여러 가지 이유로 공제되는 것들이 있기 때문이다.

금액에서 공제되는 내용은 다음과 같다.

❶ 후원 취소 및 청구 불가 금액
캠페인 종료 후에 후원을 취소Refund하는 경우가 생긴다. 그 사유는 여러 가지가 있을 것이다. 또한 후원자들의 신용카드가 지급 거부되어 취소되는 경우가 있다. 이는 후원자들의 거주지 신용카드가 어떤 이유로 지급이 거부되는 경우가 있고 신용카드 정보가 옳지 않아서 지급 거부되는 경우이다. 이런저런 이유로 후원금 총액에서 후원취소 또는 청구 불가Dropped pledge의 금액이 적게는 후원금 총액의 5%, 많게는 30%까지 해당한다. 보통 10% 내외로 예상한다.

❷ 킥스타터 서비스 수수료
킥스타터 서비스 수수료Kickstarter Fee는 후원금 총액(입금액 기준)의 5%로, 후원금 입금 전 공제된다.

❸ 결제 수수료

후원금 징수를 위해서는 후원자의 신용카드에 청구해야 하는데, 이러한 과정을 진행하는 금융서비스에 대한 비용 Payment Processing Fees이다. 2014년까지 킥스타터는 아마존과 계약해 아마존 페이먼트 시스템 Amazon Payment System을 사용하였지만 2015년 1월부터 스트라이프 Stripe와 계약을 맺고 스트라이프 서비스 Stripe Service를 사용하고 있다. 후원금 총액(입금액 기준)의 3%와 후원 1건당 $0.20(20센트)의 비용을 스트라이프에 지급하게 되는데 역시 입금 전 공제된다.

결과적으로 후원금 총액에서 약 15~20% 삭감되어 실제 입금된다고 보면 된다. 10불 미만의 후원의 경우는 5% + 후원당 $0.05를 공제한다.

If your project is successfully funded, the following fees will be collected from your funding total : Kickstarter's 5% fee, and payment processing fees (between 3% and 5%) If funding isn't successful, there are no fees.

Kickstarter fee 5% of total funds raised

Payment processing fees 3% + $0.20 per pledge

Pledges under $10 have a discounted microplecge fee of 5% + $0.05 per pledge

배송

제품이 완성되고 나면 후원자들에게 배송해야 한다. 배송 역시 세심한 주의를 기울여야 한다. 잘못하면 배송료가 너무 과도하게 나올 수 있기 때문이다. 일단 포장 상자를 효율화해서 부피와 중량을 줄여야 하고 배송을 위한 배송업체 선정을 해야 한다.

미국이 전체 배송량의 대부분을 차지할 것으로 보이는데 미국 배송은 미국 현지의 배송 전문 서비스 업체를 정해서 일단 제품을 한국에서 수출 형태로 배송업체로 보내고 배송업체에서 일괄적으로 개별 후원자들에게 배송하는 방식을 취하는 것이 가장 효율적이다. 물론 물량이 얼마 되지 않는다면 배송전문업체가 아닌 미국 현지의 파트너를 통해서 배송해도 무난할 것이다. 한국의 후원자들은 한국에서 배송하면 되는데, 문제는 유럽, 아시아 지역이다. 유럽의 경우 유럽연합으로 동일시되지만, 국가별로 별도의 통관절차 또는 관세를 적용하는 경우도 있다. 물론 관세는 전적으로 후원자가 부담하게 되어 있는데 만일 후원자가 높은 관세를 지급해야 하는 상황이 된다면 후원자의 입장에서는 당혹스런 경우가 생길 수 있다.

후원자들로부터 가장 많은 불만의 목소리가 나오는 부문이 바로 배송이다. 세심한 관심을 기울이고 사전에 철저히 준비해야 한다. 배송의 비용은 물론 정확하게 후원자들에게 이른 시일 내에 전달될 수 있도록 전문가와 상담하고 결정해야 한다.

4. A/S 및 유통망 확보

고객 서비스

후원자들에게 제품이 전달되면 제품에 대한 여러 가지 상황이 발생할 수 있다. 불량이나 파손이 있을 수 있고 고장이나 반품 등 기본적으로 제품의 유통 시 발생하는 것과 동일한 고객서비스(Customer Service)가 필요하다. 킥스타터 캠페인은 공식적으로는 배송을 마치면 캠페인에 대한 공식적인 의무는 끝난다. 그러나 고객서비스가 중요한 이유는 하드웨어의 사업에 있어서 고객서비스의 비중 때문이다. 킥스타터 이후 앞으로 사업을 추진하려면 끝까지 후원자들을 만족하게 하려고 노력해야 한다. 배송 전에 이러한 고객서비스의 체계를 준비하고 제품의 반품, 교환, 수리 방법 등을 알리고 미국 현지에서 그러한 서비스가 이루어지도록 즈치해야 한다.

유통망 확보

캠페인을 진행하다 보면 전 세계의 유통업체로부터 연락을 받는다. 캠페인 이후 제품의 본격적인 유통 때문이다. 캠페인 기간에는 협의를 미루더라도 캠페인이 종료되면 바로 제품 유통에 대한 실질적인 협의가 이루어질 수 있어야 한다. 유통업체와 적극적으로 협상해서 캠페인에서 후원된 물량 이외의 추가 발주를 정식으로 받는다면 그보다 좋은 시나리오는 없다. 즉 캠페인과 제품에 대한 관심이 높을 때 실질적인 유통을 위해서 적극적으로 영업활동으로 이어지도록 하라는 것이다.

많은 캠페인이 종료와 함께 전임직원들이 제품의 생산에 매달리게 된다. 당장 생산을 해야 하니 유통망 구축을 통해서 추가 물량의 발주를 받아낸다는 생각은 할 여유가 없다. 그렇지만 킥스타터 캠페인은 궁극적으로는 하드웨어 유통으로 가기 위한 하나의 과정이다. 그러므로 기회가 왔을 때 한 발 더 나가고 유통업체에서 관심을 보일 때 그 기회를 놓치지 말아야 한다. 관심과 열기가 꺼지기 전에 유통을 연결하는 데 최선을 다할 것을 권한다.

CROWDFUNDING KICKSTARTER

13장
킥스타터 실전 사례

Kickstarter Camp 2016

2016년 6~8월까지 12주간 국내 다섯 업체와 진행한 'Kickstarter Camp 2016'은 킥스타터 캠페인을 목표로 하는 하드웨어 업체 5곳을 엄선해 미국 현지 오픈씨드 비즈니스 센터^{Openceed Business Center}에서 캠페인 준비와 론칭 그리고 마케팅까지 하는 형식으로 진행되었다. 기간 내내 긴장감 높게 진행되었고 모두 목표한 펀딩에 성공하였다. 프로그램에 참여했던 업체들을 간단하게 소개한다.

캘리포니아의 오픈씨드 센터에서 5/1 ~ 9/30에 시행했던 미국시장 진출을 위한 2016 킥스타터 캠프.

창업진흥원(KISED)이 후원한 이 캠프에 참가했던 5개의 한국 스타트업 기업 모두 펀딩에 성공하였다.

스마트 줄자 〈배이글〉 by Bagel Labs

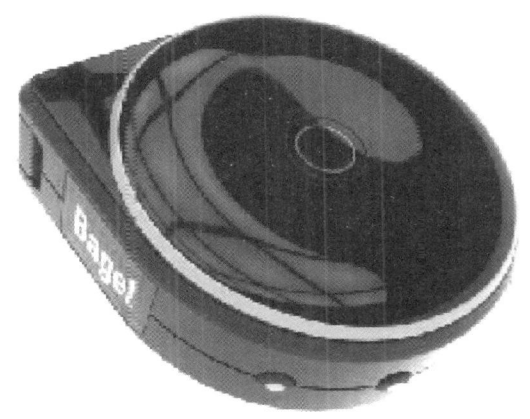

배이글 랩스는 6개월 이상의 캠페인 준비를 거쳐서 캠페인을 시작했다. 처음부터 높은 관심을 끌었다. 단 13시간 만에 목표 금액을 달성하더니 무섭게 후원금이 늘어나기 시작했다. 약 6즈간 진행되었던 캠페인을 통해서 킥스타터 펀딩 기준 135만 달러의 펀딩을 달성하는 기염을 토했다. 성공비결은 먼저 제품이다. 디지털 줄자 Digital Tape Measure 배이글 Bagel은 40년간 변함이 없던 아날로그 줄자에 혁신을 불어넣었다는 호평을 받았다. 준비도 철저했다. 6개월 전부터 오직 킥스타터만을 준비했고 각종 컨퍼런스와 행사에 참여하면서 캠페인을 알렸고 미디어와의 관계에 많은 노력을 기울였다. 팀원들은 소셜 미디어는 물론 후원자들의 질문과 피드백에 24시간 교대로 답을 달고 미국 현지에서 여러 가지 콘텐츠를 만들어 냈다. 캠페인은 처음부터 끝까지 꾸준하게 후원자들을 끌어들여서 대성공으로 마무리하였다.

패션 액서서리 트래커 〈루퍼〉 by IDIO Creative Labs, Inc

루퍼Looper는 디자인과 테크놀로지를 접목한다는 비전을 가진 두 젊은이의 열정으로 탄생하였다. 캠페인이 시작될 때는 두 명 다 학생 신분의 초기 창업자였는데, 캠페인 한 달 전까지 제대로 된 시제품도 없어서 마음을 졸였다. 하지만 일단 캠페인 계획이 확정되고 나서는 무섭게 속도를 냈다. 시제품 제작은 물론 마케팅까지 미국 현지에서 24시간 일하며 하나씩 하나씩 완성해 나가면서 멋진 캠페인을 만들었다. 캠페인 초기에는 패션 트래커Fashion Tracker로 디자인 부문으로 캠페인을 올려서 후원의 속도가 나지 않았는데 다시 테크놀로지로 카테고리를 변경하고 새로운 마케팅 컨셉은 물론 동영상도 교체하면서 꾸준한 펀딩이 이루어져 결국 목표한 펀딩에 성공하였다.

초점 조절 렌즈를 장착한 VR 헤드셋 〈누누로 VR〉 by Noonbit, Inc.

누누로 VR^{Nunulc VR}의 제품 개발을 마치고 양산체제에 돌입한 상태에서 제품의 출시와 마케팅을 고민하던 중에 킥스타터 캠페인을 통해서 해외시장을 공략하자는 전략을 수립하였다. 사용자의 눈에 맞도록 조절이 가능한 렌즈를 장착한 세계 최초의 카드보드 형태의 VR 헤드셋이었는데 미국 현지의 VR 업계의 높은 관심을 끌었다. 누누로 VR은 특히 사람들이 비교 경험을 할 수 있도록 오프라인 마케팅에 주력하면서 소셜 미디어를 통해서는 자체적인 커뮤니티 형성에 많은 공을 들였다. 처음부터 끝까지 꾸준한 후원이 이루어져 무난히 목표한 펀딩에 도달하였는데 특히 현지의 VR 관련 업체와 유통업체의 관심이 많아서 미국시장 진출을 위한 좋은 기회를 잡을 수 있었다.

야간운동 안전기기 <스펙터> by Niports, Inc.

스펙터Specter는 캠페인 신청 후 제품의 기능이 다소 혁신적이라 실제로 작동하는지에 대해서 킥스타터 운영진으로부터 확인요청을 받았다. 캠페인 시작 얼마 전 동영상을 찍어 보내면서 캠페인이 허가되어 전격적으로 시작되었다. 초기에 업계의 관심은 뜨거워서 야간운동 특히 야간 마라토너들의 후원이 이어졌다. 팀원들은 미국 현지에서 적극적으로 마케팅을 펼쳤는데 제품의 특성상 야간에 제품 사진 촬영 등의 콘텐츠 확보에 열을 올렸다. 마케팅 차원에서 야간 마라톤 클럽까지 가입해서 그야말로 '달밤에 체조'를 하면서 적극적으로 홍보활동을 폈다. 밤낮이 바뀌어 생활하면서 캠페인을 진행해야 하는 것이 어려운 점이었다. 꾸준한 후원 덕분에 무난히 캠페인을 종료할 수 있었다.

스마트 골프슈즈 〈아이오핏〉 by Salted Ventures

체중 이동을 비율로 알려주는 스마트 골프화 아이오핏 Iofit을 개발한 솔티드벤처는 삼성의 씨-랩 C-Lab 출신인데 제품 개발을 이미 끝내고 제품화 및 마케팅을 위해서 킥스타터 캠페인을 결정하였다. 사실 골프화가 킥스타터 캠페인에서 성공할 수 있을지 우려가 있었다. 캠페인이 시작되고 나서 팀원들은 현지의 골프장을 일일이 찾아다니면서 골프선수 및 골프강사들을 상대로 마케팅을 펼쳤으며 골프 관련 온라인 커뮤니티를 중심으로 캠페인을 확산시켜 나갔다. 발로 뛰면서 후원자들을 하나하나 설득시키는 방법이 주효했다. 여기에 삼성에서도 측면지원을 아끼지 않았다. 캠페인은 IoT 부문에서 의외의 관심을 끌면서 10만 달러를 넘는 후원을 올렸으며 킥스타터에서 골프 관련 캠페인 중에서는 최고 금액의 기록을 세웠다.

Kickstarter Camp 2017

Kickstarter Camp 2017은 2017년 6~10월까지 약 5개월간 진행되었다. 청년창업사관학교 출신업체 중 엄격한 심사를 거쳐서 5개의 하드웨어 스타트업을 선정하였다. 저마다 독특한 컨셉의 제품으로 그야말로 전력질주 마라톤한 결과, 5개 업체 전부 무난히 목표 펀딩을 달성하였다. 2016년의 베이글랩스와 같은 초대박 아이템이 나오지는 않았지만 저마다 의미있는 결과를 만들어 냈다. 업체들과 제품 그리고 그들의 캠페인을 소개한다.

아이들에게 코딩을 가르치는 블록형 토이 "**큐브로이드**"

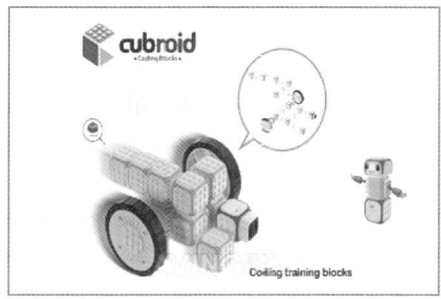

이미 국내에 잘 알려진 코딩 블록으로, 수 개월간 캠페인을 준비했고 여러 해외 미디어에도 소개되었다. 론칭 후 빠르게 펀딩이 진행되어 목표금액을 훌쩍 뛰어넘었다.

다기능 가정용 자전거 "**버치바이크**"

온 가족이 자신에 맞는 자전거 운동을 가정에서 할 수 있는 제품으로, 단가가 높았지만 펀딩이 꾸준했다. 저렴하지만 기능이 훌륭해서 후원자backer들의 호평을 받았다.

휴대용 익스프레소 커피메이커 "**레버프레소**"

캠페인 시작 전부터 킥스타터 큐레이터들의 관심을 받은 제품으로 캠페인 내내 후원자backer들의 반응이 뜨거웠다. 여러 미디어에 소개되면서 애초 예상을 깨고 가장 많은 금액을 펀딩 받았다.

스마트 셰이커형 텀플러 **"원데이보틀"**

하루 분량의 셰이커나 가루를 용기에 넣고 마실 때마다 누르고 마시는 셰이커형 텀블러로, 캠페인 동안 현지 헬스클럽을 상대로 한 오프라인 마케팅을 많이 펼쳐서 무난히 목표금액을 달성하였다.

자동차의 시트 가죽을 재활용한 백팩 **"컨티뉴"**

초기부터 관심을 모았던 캠페인으로 사회적이고 환경적인 이슈를 부각하는 마케팅을 펼쳤으며 특히 미국 현지에서 여러 채널의 유통망에서 많은 관심을 보였다.

연필공장을 개조한 킥스타터 사무실의 내·외관

킥스타터 창업자이자
현 CEO인
Yancy Strickler와 저자

맺는 글

2016년과 2017년을 킥스타터에 온전히 시간을 바쳤다고 해도 과언이 아닌 듯하다. 사실 킥스타터라는 크라우드펀딩을 몇 년 전 알고 나서 한동안 이해할 수가 없었다. "한번 본적도 없는 사람들을 믿고 앞으로 제작될 제품을 구매한다니" 하는 생각이었다. 왜 킥스타터에 사람들은 열광할까? 이를 설명할 수 있는 단어는 아마도 진정성이라고 할 것이다. 그리고 절실함이다. 자신의 꿈을 이루겠다는 것보다는 다른 사람이 꿈을 이룰 수 있도록 도움을 주겠다는 생각이 킥스타터의 근본 원리이다. 어떤 이의 꿈에 투자한다는 것, 내가 후원한 캠페인이 성공하고 그리고 제품을 받았을 때의 만족감, 그것이 킥스타터의 근간이다. 그래서 킥스타터는 그냥 내가 필요한 돈을 모아보겠다고 덤벼들면 안 된다. 후원자들은 귀신같이 알아차린다. 정말 오묘한 크라우드펀딩 플랫폼이 아닐 수 없다.

킥스타터를 비롯한 크라우드펀딩은 국내의 하드웨어 스타트업에게는 정말 좋은 기회를 제공한다고 생각한다. 특히, 지난 4년간 한국의 많은 스타트업과 일을 해본 경험상, 미국을 비롯한 해외시장 진출에 있어서 실질적인 결과를 단기간에 가져다줄 수 있는 플랫폼은 바로 킥스타터라고 생각한다.

이 책에는 2016년 6월부터 8월까지 3개월간 미국 현지에서 우리 다섯 스타트업들과 '2016 킥스타터 캠프'를 통해 긴장감 있게 진행했던 킥스타터 캠페인이 소개되어 있다. 다섯 업체 모두 목표 금액의 펀딩에 성공을 거두었다. 12주

KICKSTARTER

간 참가자 모두 피를 말리는 시간이었다. 금액의 차이는 있었지만 모두 열정적으로 임했고 여러 우여곡절을 겪었다. 많은 것을 얻고 가는 시간이었다. 무엇보다도 가장 많은 것을 얻었던 사람은 바로 나 자신이었다. 이 책의 많은 내용이 이 3개월간 터득한 것이다.

그래서 나는 그 프로그램이 참여했던 다섯 업체 모두에게 무엇보다도 먼저 심심한 감사를 보낸다. 그들과 같이 땀 흘린 시간이 없었다면 이 책도 없을 것이다. 가능한 실질적인 정보와 실무와 관련된 노하우를 많이 녹여 내려고 했다. 자료수집에 도움을 주었던 임성훈 연구원, 인턴 Cathy Park, 위너스랩의 동우상 대표에게 감사의 말을 전하고 싶고 이 책의 편집과 출판을 가능하게 해준 클라우드북스에도 고맙다는 말씀을 전하고 싶다.

킥스타터는 큰 기회의 장이다. 앞으로도 많은 스타트업이 킥스타터에 도전해서 꼭 펀딩에 성공함은 물론 궁극적으로 사업에 큰 성공을 이루길 기원한다.

2018년을 앞두고,
저자 박 한진

킥스타터 캠페인

1판 1쇄 발행	2017년 2월 9일
1판 2쇄 발행	2018년 1월 1일
지은이	박한진
발행인	문아라
펴낸곳	클라우드북스
이메일	cloud@cloudbooks.co.kr
사이트	www.cloudbooks.co.kr
페이스북	www.facebook.com/cloudbookskorea
전화번호	010-5136-2260
출판등록	313-2012-124
제작	한영문화사

구입문의   010-5136-2260 / FAX 0303-3445-2260

클라우드북스는 지식서비스와 IT 관련 책을 전문으로 만듭니다.

ISBN   978-89-97793-20-4   (13320)

- 이 책의 모든 내용, 디자인, 편집구성의 저작권은 지은이와 클라우드북스에 있습니다.
- 본사의 서면허락 없이는 책내용의 전체나 일부를 어떠한 형태나 수단으로도 이용하지 못합니다.
- 잘못된 책은 구입하신 서점에서 바꾸어 드립니다.
- 책값은 뒤표지에 있습니다.